사마천에게
인생을 묻다

사마천에게 인생을 묻다

사기(史記)에서 찾은 인생 나침반

초 판 1쇄 2024년 08월 27일

지은이 문규선
펴낸이 류종렬

펴낸곳 미다스북스
본부장 임종익
편집장 이다경, 김가영
디자인 임인영, 윤가희
책임진행 이예나, 김요섭, 안채원

등록 2001년 3월 21일 제2001-000040호
주소 서울시 마포구 양화로 133 서교타워 711호
전화 02) 322-7802~3
팩스 02) 6007-1845
블로그 http://blog.naver.com/midasbooks
전자주소 midasbooks@hanmail.net
페이스북 https://www.facebook.com/midasbooks425
인스타그램 https://www.instagram.com/midasbooks

© 문규선, 미다스북스 2024, *Printed in Korea*.

ISBN 979-11-6910-770-9 03190

값 22,000원

미다스북스는 다음세대에게 필요한 지혜와 교양을 생각합니다.

사마천에게
인생을 묻다

사기(史記)에서 찾은 인생 나침반

문규선 지음

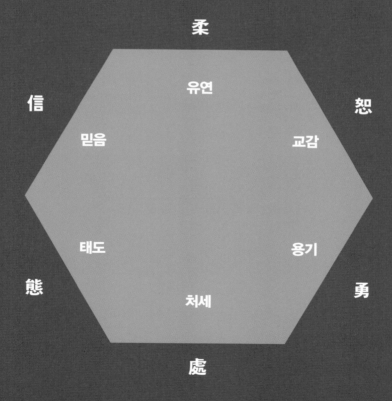

1부 리더를 만나다

1장 포용적 리더 : 유연하게 포용하라

2장 변혁적 리더 : 현실과 교감하라

2장 조언자 : 마음으로 설득하라

3장 동반자 : 상대를 존중하고 믿어라

3부 그들을 만나다

1장 역사를 코칭하다

2장 태사공 사마천을 인터뷰하다

3장 사마천의 춘추전국시대 思想 GRAND TOUR

부록

나는 왜 이 책을 썼는가?

이 책은 역사(史記)에서 길어온 서사(敍事)가 거울이 되어
나는 누구이고, 그 삶에서 어떻게 살아야 하는지를
돌아보게 하는 책입니다.

태사공 사마천은 『열전』 130편의 첫 장을 열면서
'어떻게 살아야 옳은 삶인가?'
하는 화두를 던지며 오십이만육천오백 자의 끝에
그대를 기다린다(傳之其人)고 했습니다.

그래서 이 책은 사마천의 敍事로 시·공간을 마련해서
2,000년을 기다린 그대에게 성찰의 시간이 되게 하여
그대가 자기 배려와 자기 점검으로 자기 경영을 하여
스스로 부단히 옳고 곧게 자기 자신을 리딩할 수 있는
힘을 얻게 하고자 했습니다.

길을 걸으면서 생각이 올라온 것들을 깊이 파서 글을 심었습니다.
그러니까 저의 생성형 AI는 '걷는 것'이었습니다.

'그들'에게 코칭이 필요한 이유

나는 '리더십 코칭'에 대해서는 문외한이다. 그런데도 문규선 선생의 신간에 사족을 더할 용기를 낸 것은 책 속에 녹아있는 인문학적 사유 때문이다.

문선생은 이미 『이제는 노자를 읽을 시간』, 『승계의 정석』에서 동서양 고전에 대한 해박한 지식과 식견을 보여준 바 있다. 그래서 『사마천에게 인생을 묻다』에서도 고전을 통해 인생 나침판을 찾고자 하는 필자의 발걸음은 『사기』에만 한정되지 않는다. 종횡무진 『논어』, 『노자』가 나오고 소크라테스, 니체와의 대화도 들어있다. 책장을 넘기면서 긴장을 늦출 수 없는 이유이다.

우리는 누구나 '불혹', '지천명'의 자세로 시행착오를 줄이며 살고 싶지만 자신을 돌아보면 참으로 기대난망이다. 집안과 사회에서 맺는 모든 인간 관계에서 매일 갈등하고 충돌한다. 매일 지치고 좌절한다. 예외가 없다. 유연함, 용기가 부족해서일까, 상대를 존중하고 설득하는 능력이 함량 미달인

걸까? 가장(家長), 리더의 위치에서도 동반자, 조언자의 처지에서도 힘겹다. 그래서 점점 더 관계 맺기에 피로감을 호소하고 회피하여 자발적 고립 상태가 되는 것이 아닐까? 무섭다. 나이 들어가면서 인문학적 코칭이 절실한 이유이다. 3부에서 '그들'—오자서, 한신, 이사와 코칭 전문가들이 만난다. 기원전의 인물들이 21세기가 되어서야 전문적 코칭을 받을 기회를 만난 것이다. 당대 그 누구보다 비범하고 강인했지만 인생 실패자로 남은 그들!

우리라고 다를까? 비틀거리며 언덕을 오르다 보면 다리에 힘이 풀리고 능숙한 조련자가 절실하기 마련이다. 예외는 없다. 오만과 어리석음으로 미처 깨닫지 못할 뿐.

이 책은 사마천과 문규선 선생의 긴 대화록이다. 하지만 필자는 책 말미에 인터뷰어가 되어 다시 사마천을 인터뷰이의 자리에 서게 한다. 신선하다. 필자의 오랜 인문학 공부와 리더십 코칭이 빛을 발하는 순간이다. 필자의 인문학 공부가 코칭과 화학반응을 일으켜 크고 긴 나침반 바늘이 되어주기를 바란다.

인문학당 상우 대표 우응순

역사를 코칭하다

사마천의 사기(史記)는 인간의 삶과 관련된 수 많은 지혜를 얻기 위한 지혜의 책으로 알려져 있습니다. 이 책은 우리가 인간답게 살아가는데 반드시 필요한 이정표가 되는 내용들로 구성되어 있다고 볼 수 있습니다. 사마천의 인물에 대한 비평은 예리하면서도 공정함을 지키고 있고, 특히 인간관계와 관련 많은 지혜와 영감을 주고 있습니다. 그리하여 사마천은 인류 역사상 가장 위대한 역사가로 평가받고 있습니다.

저자는 사마천의 사기를 3년 이상 원문으로 연구하고 『사마천에게 인생을 묻다』 책을 쓰면서 이렇게 이야기하고 있습니다. "이 책은 역사에서 길어온 서사(敍事)가 거울이 되어 나는 누구이고, 그 삶에서 어떻게 살아야 하는지를 돌아보게 한다"고 했는데 전적으로 공감합니다.

특히 리더에게 필요한 상황을 읽는 유연함의 힘을 깨닫게 하는 유방의 사례, 상대를 믿고 존중해야 한다는 관포지교 및 소진과 장의의 사례 등은 우리의 코칭 철학을 다시금 떠 올리게 하고 있습니다. 이렇게 사기(史記)에 나오는 18명의 주인공을 6개의 키워드로 우리에게 큰 인사이트를 주고 있습니다

또한 세분의 코치가 역사적 인물인 한신, 이사, 오자서를 코칭하는 내용과 저자가 죽음 앞에서 발분이 된 기록자 사마천을 인터뷰한 장면은 우리에게 무엇이 옳고 어떻게 행동해야 하는지 등 우리에게 인생의 나침판을 선사하고 있습니다.

저자는 한국코치협회 코치로서 평소 "어떻게 살아야 옳은 삶인가?" 화두를 갖고 스스로 질문하고 대답하면서 코칭 현장에서 우리나라 코칭문화 확산에 큰 공헌을 하고 있습니다. 『사마천에게 인생을 묻다』 이 책을 우리 한국코치협회 비즈니스 코치, 라이프 코치, 커리어 코치 등 모든 코치님들께 필독서로 강력히 추천합니다. 감사합니다.

한국코치협회 회장 김영헌

1부

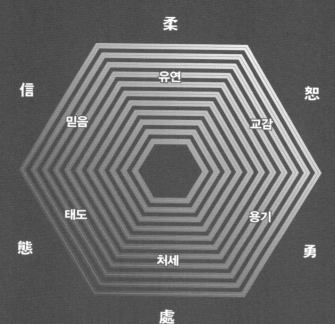

柔
유연

信　　　　　　　恕
믿음　　　　　　교감

態　　　　　　　勇
태도　　　　　　용기

處
처세

리더를 만나다

────

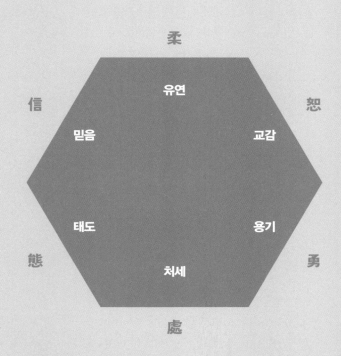

1장

포용적 리더

: 유연하게 포용하라

리더의 내면 여행

리더는
영향을 주는 사람이다.
항우, 유방,
선조, 정조가 다르게 있다.

리더의 내면에는 다른 여행지가 있다.
관대하면서도 준엄해야 하고,
유순하면서도 강건하고,
부드러우면서도 주관이 있어야 한다.

至柔而動也 剛하고 至靜而德方也
지극히 유연하지만 움직임이 굳세고
지극히 고요하지만 그 덕은 반듯하다.
－「주역」곤괘, 문언전

유연한 것의 표상은 물(水).
上善若水
최고의 덕은 물과 같다.

역경을 넘어야 하는 경험에서 배우고
겸허히 조언을 받으며 부단히 나아간다.

오만한 리더의 말 "어떠냐!" : 항우

[장면 1]

항우가 진나라를 멸망시킨 후에 자신의 공로를 자랑하며, 천하를 나누어 친족에게만 왕과 제후를 봉하자, 공을 세운 부하들이 논공행상에 불만을 토했다. 이에 항우는 노기를 띤 큰소리로 부하들에게 말했다.

"내가 진을 멸망시키고 천하를 통일하였으니, 나의 공업이라 하면 '어떠냐(何如)!'"

[장면 2]

유방이 한신을 만난 자리에서 물었다.

"내가 항왕만 못하오?"

항왕을 섬긴 적이 있었던 한신은 유방에게 말한다.

"항왕이 화를 내어 큰소리를 지르면 모두 엎드리지만, 장수를 믿고 맡기지 못합니다. 사람 대하는 태도는 공손하고 자애로우나, 부리는 사람이 공을 세워 벼슬을 주어야 할 경우가 생기면 인장이 닳아 깨질 때까지 만지작거리며 선뜻 내주지 못합니다."

[장면 3]

해하전투에서 곤경에 처했으나, 항우는 자신의 과오가 아닌 운명을 탓한다.
"하늘이 나를 망하게 하려는 것이지 내가 싸움을 잘하지 못한 탓이 아니다."

서둘러 배를 타고 강을 건너자는 부하에게, 하늘 탓을 하며 스스로 목을 찔러 죽었다.
"하늘이 나를 망하게 하는데 내가 무엇 때문에 강을 건너겠는가!"

사마천은 말한다. (겨울 연못에 얼음 깨지는 듯한 소리가 들린다.)
"역발산기개세(力拔山氣蓋世) 항우는 세력이 없으면서도 진나라를 멸망시키고 스스로 서초 '패왕'이라고 불렀다. 그러나 그는 스스로 공로를 자랑하고 사사로운 지혜만을 앞세우고 옛 지혜를 본받지 않고 폐왕의 공업이라고 하면서 힘으로만 천하를 정복하고 다스리려다 결국 망하게 되었다. 게다가 죽으면서도 여전히 자신이 모자란 것을 깨닫지 못하고 스스로를 꾸짖지 않앗으니 잘못된 것이다."

칼을 빼어든 항우가 하늘에 외친다.

"하늘이 나를 망하게 한 것이지, 병사를 잘 쓰지 못한 죄가 아니다."

(서서히 어두워지면서 코러스)

자기 세계에 갇혀 있으니 어찌 황당한 말이 아닌가!

"내가 진을 멸망시키고
천하를 통일하였으니,
나의 공업이라 하면
'어떠냐何如!'"

무엇이 그를 역사에서 사라지게 했는가?

항우(項羽, 기원전 232년-기원전 202년)는 중국 춘추전국시대 말기의 유명한 군사 지도자로, 진나라의 멸망 이후 한나라의 유방(劉邦)과 함께 천하를 다투었던 인물입니다. 본명은 항적(項籍)이며, 초나라의 명문가 출신으로, 그의 숙부 항량(項梁)에게서 무예와 병법을 배웠습니다. 그는 젊은 시절부터 뛰어난 무력을 자랑했으며, 진나라의 폭정에 반발하여 숙부와 함께 반란을 일으켰습니다. 기질적으로는 용맹하고 자신감이 넘쳤으나, 자만심이 강하고 타인의 의견을 잘 받아들이지 않는 경향이 있었습니다.

항우는 여러 전투에서 탁월한 군사적 재능을 발휘하였습니다. 특히, 기원전 207년 진나라의 수도 함양을 점령한 후, 진의 마지막 왕 자영을 생포하고 진나라를 멸망시킨 것은 그의 가장 큰 업적 중 하나입니다. 초한 전쟁 초기에는 여러 전투에서도 연승을 거두며 유방을 압도했습니다.

항우는 전투 능력과 카리스마를 갖고 있었습니다. 그는 전장에서 적군을 압도하는 무력과 전략적 통찰력을 가졌으며, 부하들에게는 강한 충성심을 불러일으켰습니다. 그러나 그는 지나친 자만심과 고집스러움, 그리고 정치적 안목이 부족했습니다. 그는 오만한 성격 때문에 중요한 조언을 무시하거나(함곡관에서 유방을 제거하라는 책사 범증의 말을 무시한 사례), 필요 이상의 잔인함을 보여 백성들의 민심을 잃는 경우가 많았습니다.

항우는 처음에는 전쟁의 주도권을 갖고 있었으나 과도한 자신감과 자만심으로 인해 자주 전략적 실수를 범했고, 논공행상에서 번번이 사람의 마음을 잃었으며, 상대편 책사 진평의 꾀에 넘어가 자신의 책사 범증을 버리는 결정적 실수를 하는 등 정치적 융통성이 부족했고 잔인한 통치와 약탈로 인해 백성들의 지지를 잃어 유방이 민심을 얻고 세력을 확장하는 데 유리한 환경을 제공했습니다.

결국 항우는 기원전 202년 해하전투에서 패배하고, 패배를 인정한 후 자결하였습니다. 그의 죽음으로 초한 전쟁은 종결되었고, 유방은 한고조로서 한나라를 세우게 되었습니다.

key 이슈

시공간을 건너 공자가 항우를 만난다면?

공자 : 항우님, 당신은 진나라를 멸망시키고 초나라를 세운 위대한 영웅이시
군요. 당신의 훌륭한 무공과 지략에 감탄하오니, 당신의 도(道)를 듣고
싶습니다.

항우 : 공자님, 당신은 유가의 대표적인 성인이시고, 천하의 선비들이 당신의 가
르침을 존경하고 따르는 것을 알고 있습니다. 당신의 도는 무엇입니까?

공자 : 나는 예와 의와 인과 덕을 중시하고, 천명을 따르고, 성인의 행적을
모방하며, 학문을 통해 자신을 수양하고, 사람과 사람 사이의 관계를
바르게 하려고 노력합니다.

항우 : 그런 도는 너무 구시대적이고 비현실적이고 비효율적이라고 생각합
니다. 나는 힘과 권력과 재능과 기개를 중시하고, 자신의 목표를 위해
무엇이든 할 수 있고, 학문은 필요한 것만 배우고, 사람과 사람 사이

의 관계는 자신에게 유리하게 하려고 노력합니다.

공자 : 그런 도는 너무 독선적이고 고집스럽고 폭력적이고 비도덕적이라고 생각합니다. 당신은 자신의 행위에 대해 책임을 지지 않고, 타인의 감정과 의견을 무시하고, 자신의 실수와 결점을 인정하지 않고, 자신의 부하들에게 충성과 존경을 요구하면서 그들의 공로와 의견을 인정하거나 보답하지 않습니다.

항우 : 그런 말은 너무 비판적이고 까다롭고 지루하고 재미없다고 생각합니다. 당신은 자신의 행위에 대해 너무 겸손하고, 타인의 감정과 의견에 너무 의존하고, 자신의 능력과 가치를 겸손하게 평가하고, 자신의 제자들에게 너무 관대합니다.

공자 : 당신은 자신의 도를 고치고 개선할 필요가 있습니다. 당신의 도는 당신의 성공과 행복을 방해하는 요인이 되고, 결국 당신을 파멸로 이끌 것입니다. 당신은 자신의 마음을 비우고, 타인의 도를 배우고, 자신의 행위에 대해 반성하고, 사람과 사람 사이의 관계에 대해 배려하고, 부하들에게 존중과 감사를 표현하고, 자신의 실수와 결점을 인정하고 바로잡는 모습을 보여야 합니다.

공자는 항우의 도를 교정하려고 했지만, 항우는 공자의 도를 거부합니다.

"당신은 용맹하고 능력 있는 장수지만, 그것만으로는 충분하지 않습니다. 당신은 자신의 능력과 지위를 과신하고, 남을 얕보고, 공평하지 못한 행동을 했습니다. 이런 태도는 당신에게도, 당신의 나라에도 해가 됩니다. 당신은 잘못을 하게 되면 인정하고, 겸손해야 합니다. 당신의 이익을 줄이고, 남의 이익을 늘려야 합니다. 당신의 위상을 낮추고, 남의 위상을 높여야 합니다. 이렇게 하면 당신은 진정한 리더가 될 수 있습니다. 그렇게 되면 어떠한 역경이 닥쳐도 당신의 신념을 가지고 극복할 수 있습니다."

그러나, 항우는 받아들이려는 마음이 멀리 있었습니다.

상황을 읽는 유연함의 힘 : 한고조 유방

- "어떻게 할까(如何)?" 하고 늘 물었던 한고조

한고조가 천하를 평정한 후 낙양의 남궁(南宮)에서 술자리를 베풀며 말했습니다.

"열후들과 장수들은 짐을 속이지 말고 모두 진정으로 말하도록 하라.
내가 천하를 얻은 까닭이 무엇인가? 항우가 천하를 잃은 까닭은 무엇인가?"

고기(高起)와 왕릉(王陵)이 이에 대답했습니다.

"폐하는 오만하셔서 사람을 업신여기지만 항우는 어질어서 사람을 사랑합니다. 그러나 폐하는 사람을 시켜 성과 땅을 공략하게 하여 항복시키면 성과 땅을 나누어 주며 천하와 이익을 함께 하셨습니다. 항우는 자기보다 나은 자를 시기하고 공을 세우면 질투하고 어진 자는 의심하며, 싸워 승리해도 그 사람에게 공을 돌리지 않고, 땅을 빼앗아도 다른 사람에게 그 이익을 나누어주지 않았으니, 이것이 그가 천하를 잃은 까닭입니다."

이리 말하자, 한고조가 말합니다.

"그대들은 하나만 알고 둘은 모른다. 군막 안에서 계책을 내어 천 리 밖의 승리를 결정짓는 일은 나는 자방(子房: 장량)만 못하다. 국가를 안정시키고 백성을 위로하고, 군량을 공급하고 식량 운송로가 끊어지지 않게 하는 것은 내가 소하(蕭何)만 못하다. 백만 대군을 통솔해 싸우면 반드시 승리하고 공격하면 반드시 빼앗는 일은 내가 한신(韓信)만 못하다. 이 세 사람은 모두 인걸들이며, 내가 이들을 기용할 수 있었던 이것이 내가 천하를 얻은 까닭이다. 항우에게는 범증(范增) 한 사람뿐이었는데 그마저 기용하지 못한 것이 그가 내게 사로잡힌 까닭이다."

상황을 읽는 유연함의 힘

한고조 유방이 대업을 이룬 직후의 일입니다. 여러 장수들이 쑥덕거리는 것을 본 고조가 장량에게 이유를 물었습니다. "폐하가 평민에서 천자에 오르셨는데, 오랜 친지들에게만 상을 주고 사적으로 원한이 있는 이들은 벌하고 죽이셨습니다. 그러니 불만과 두려움에 반란을 모의하고 있는 것입니다."

불안해하며 대책을 묻는 고조에게 장량이 묻습니다.

"폐하께서 가장 미워한다고 모두에게 알려진 사람이 누구인지요?"

한고조가 서슴없이 대답합니다.
"옹치요. 나를 배반했던 옹치요. 나는 옹치를 생각하면 지금도 화를 참을 수 없소."

그러자 장량은 바로 그 사람을 서둘러 책봉해 주라고 했습니다. 옹치는 고조와 같은 고을 출신으로, 별 볼 일 없던 시절의 모습까지 알아서인지 고분고분하지 않았고, 요충지 풍읍을 맡겼는데 배신하고 다른 나라에 귀순해 버린 전력까지 있었습니다. 다시 휘하에 들어와서 공을 많이 세우는 바람에 차마 죽이지 못하고 있었을 뿐, 고조가 그를 그토록 미워하는 것도 당연했습니다. 그야말로 여러 차례 자신을 모욕하고 배신까지 자행한 이에게 포용을 베풀기는 어려웠을 것이나 용기를 내어 큰 그릇으로 옹치를 담는 리더의 모습을 보였습니다. 고조는 즉각 옹치를 십방후로 책봉하였고, 이를 보고 논공행상으로 쑥덕거리던 모두가 기뻐하며 안심했다고 합니다.

"옹치도 책봉되었으니 우리는 걱정할 게 없겠군."

미워하는 사람을 요직에 앉힌다는 '옹치봉후(雍齒封侯)'라는 성어가 만들어진 유래입니다. 그릇이 크고 유연한 사람은 자신을 제어하는 힘이 큽니다. 조직 관리는 묘수보다 실수를 덜 하는 것이 지름길입니다. 그러기 위해서는 유연함으로 포용하는 리더가 되어야 합니다. 자신에게 허물을 끼친 사람을 향해서도 감정적으로 대하기보다는 윈윈할 수 있는 방법을 스스로에게서 구하는 것이 필요합니다.

行有不得 反求諸己

(행이부득 반구저기)

원하는 바가 얻어지지 않더라도

자기 자신을 돌아보아 원인을 찾는다.

－『맹자』, 「이루 상」

리더의 포용 리더십, 유연함의 모습

포용 리더십은 리더가 조직 내에서 다양성과 포용성을 존중하며 팀원들을 함께 발전시키고 동참시키는 리더십 스타일을 의미합니다. 이 유형의 리더는 다양한 배경, 경험, 기술을 가진 팀원들을 존중하고 포용하며, 각 개인의 강점을 최대한 살려 전체의 성과를 높이고자 노력합니다.

포용 리더의 유연함(flexing)은 다양한 상황에서 다양한 리더십 스타일이나 접근 방식을 적용해 필요에 따라 적절한 방향으로 조절하는 능력을 나타냅니다. 이것은 주로 팀원들과의 상호작용, 팀의 동적인 변화 그리고 조직의 다양성을 고려할 때 중요하게 작용합니다. 그리하여 원 팀을 만들어 냅니다.

믿음이 신뢰의 속도로 보답하다 : 진목공
– 식마지덕(食馬之德)의 고사를 남기다

　당진의 혜공과 섬진의 목공은 한원 들판에서 최후의 전투로 마주했습니다. 팽팽한 긴장감을 참지 못하고 이번 전쟁을 일으킨 혜공이 먼저 선공에 나섰습니다. 장군 비표를 이끌고 섬진의 방어를 뚫으면서 재물을 약탈하여 진영을 벗어나는 도중, 아뿔싸! 혜공의 말이 진흙 구덩이에 빠져들고 말았습니다. 때를 놓치지 않고 섬진의 목공과 장병들은 혜공을 추격하여 승기를 잡으려 했습니다. 그러나 너무 깊숙이 뒤를 쫓다 오히려 혜공을 구하러 온 당진의 군에게 포위당해버렸습니다. 뜻하지 않은 상황에 처한 목공은 부상을 당하고 위급한 처지에 놓이게 되었는데, 바로 이때 300명의 야인이 나타나 죽음을 무릅쓰고 당진군과 싸워 포위망을 뚫고 목공을 구합니다. "저들은 전에 기산에서 내 말을 잡아먹었던 촌놈들이 아니냐!" 게다가 그들은 당진의 혜공까지도 사로잡았습니다. 이들은 전에 목공이 애지중지하던 말을 잡아먹고 술까지 받아먹었던 그 촌놈들이었는데 '식마지덕'에 제대로 보답을 한 것이 되었습니다.

"진(秦)목공이 좋은 말을 잃어버린 일이 있었는데 기산 아래 야인(촌놈)들이 그 말을 잡아 300여 명의 사람들에게 먹였다. 그래서 관리가 이들을 쫓아서 잡아 법으로 처벌을 하려고 했다. 그러자 목공이 '군자는 가축 때문에 사람을 상하게 하지 않는다고 했다. 내 들으니 좋은 말고기를 먹고 술을 마시지 않으면 사람이 상할 수도 있다고 한다'고 말하면서 모두에게 술을 내리고 그들을 사면해 주었다. 이후 진(晉)과의 효산전투에서 진목공이 곤궁에 처했는데 모두 무기를 들고 죽기로 싸워 목공의 '식마지덕(食馬之德)'에 대한 보답을 했다."

만약 목공이 '화'를 내고 그들을 처벌했으면 어떻게 되었을까요? 그때의 분노는 해소되었을지 모르지만 이러한 큰 덕을 받아 목숨을 구하지 못했을 것입니다.

첫 번째 화살은 누구나 맞게 되어 있습니다. 그런데 두 번째 화살을 맞지 않으면 세상은 그 화살이 덕으로 변하여 평화와 아름다움을 만끽하게 됩니다. 어쩔 수 없는 상황에서 자기를 통제하여 식마지덕을 발휘하면 그것이 신뢰가 되어 자신을 살리고 나아가 세상을 살리게 됩니다.

유연함과 견고함이 만드는 믿음

"도의란 백성들로 하여금 군주와 뜻을 같이하게 하여

함께 죽을 수도 함께 살 수도 있게 하며 서로 배신하지 않도록 한다."

(道者 令民與上同意 可與之死 可與之生 而不危也)

『손자병법』 첫머리에 전쟁이란 국가의 존망이 걸린 중대사이므로 전쟁을 결심하기 전에 반드시 다섯 가지 항목으로 허실을 자세히 살펴보라고 말하고 있습니다. 그중 제일 첫 번째 항목이 '도의(道義)'입니다. 군주와 백성이 한마음 한뜻인지 확인해 보라는 의미입니다. 백성과 군주 사이에 확실한 신뢰가 형성되어 있는 나라는 쉽게 이기기 힘들다는 말입니다. 그래서 공자도 '무신불립(無信不立)'이라 해서 백성의 신뢰를 얻지 못하면 나라는 결코 바로 서지 못하는 법이라 했습니다.

柔弱勝剛健

(유약승강건)

"유연하고 약한 것이 굳세고 강한 것을 이긴다."

캠브리지 대학의 임상신경정신과 사아키안 교수는 "IQ수치보다 더 중요한 것은 인지적 유연성"이라고 합니다. 인지적 유연성은 실패의 가능성이 높아질 때 대처하는 능력을 포함합니다. 老子는 강하고 굳센 것은 나의 이기(利器) 안에 감추라 합니다. 물고기 물에서 나오면 안 되듯, 나의 깊은 속에 두고 드러내지 말라 합니다.

"없애고자 하면 일단 흥하게 해야 하고
빼앗으려면 일단 먼저 내주어야 한다."

유연함의 씨앗, 자기 돌봄(self-care)

자기 인식 높이기: 자신의 강점과 약점을 파악하고, 스트레스 요인을 인식하는 것이 중요합 니다. 글쓰기나 명상을 통해 자기 인식을 높일 수 있습니다.

회고의 시간 갖기 : 하루 일과 후 자신의 행동과 결정을 되돌아보는 시간을 가지세요. 이를 통해 더 나은 선택을 할 수 있는 기회를 얻을 수 있습니다.

긍정적 사고 유지: 긍정적인 마인드를 유지하면 변화에 대한 두려움을 줄이고, 새로운 기회를 더 잘 받아들일 수 있습니다. (부정적 단어를 긍정 언어로 바꾸기)

균형 잡힌 생활: 일과 개인 생활의 균형을 맞추는 것이 중요합니다. 충분한 수면, 건강한 식습관, 규칙적인 운동과 휴식 시간을 통해 에너지를 충전하세요.

지원 네트워크 구축: 가족, 친구, 동료들과의 관계를 통해 어려운 상황에서도 정서적 지지를 받는 것이 중요합니다. 또한 새로운 기술이나 지식을 배우는 네트워크는 변화에 대처하는 능력을 키워줍니다.

유연함을 상징하는 자연의 모습은 땅(地)입니다

땅은 모든 것을 받아들이고 포용하는 성질을 갖고 있습니다. 땅은 미리 알고 준비합니다. 선을 쌓으면 반드시 좋은 일이 있다는 것을 실행합니다. 그래서 마음이 곧고 방정하여 큰마음을 갖게 됩니다. 가치관을 세우고 그 안에서 유연함을 갖습니다. 그것을 곧다고 합니다. 그래서 스스로 무엇이 옳은지 그른지 스스로 바로잡는 힘이 있습니다. 자기중심성을 고집하지 않고 자기 배려와 자기를 지키는 힘으로 자기를 관리합니다. 이렇게 땅의 모습으로 가치관을 지키며 견고하게 지속성을 갖고 살아갑니다.

역사에서 배우는 승계의 지혜

아주 먼 옛날 요임금이 계승의 시간이 오자, 자리를 이을 자식들을 두고 하나하나 들어 대업을 맡길 수 없다고 판단했습니다. 특권의식을 갖고 자기를 내세우는 오만, 경계에 서서 생각하지 못하는 편견, 자기 뜻만 내세워 화합하지 못하고 만들어 내는 갈등 조작은 세습의 덕목에서 치명적인 것이었습니다.

"이놈은 말은 잘하는데 마음 쓰는 것이 한쪽으로 치우쳤고 공손한 듯하지만 하늘을 기만하니 안 되네. 저놈은 동족 사이를 어그러뜨리니 오를 수 없다."

안 되는 게 무엇인가의 표준은 4,000년 전에 이미 세팅되었습니다. 그래서 순임금이 선양되었습니다. 선양으로 계승 받은 자리에서 승계의 시간에 순임금도 아들의 태도가 마땅치 않았습니다.

"단주(丹朱)처럼 오만해서는 안 되오. 오직 태만하게 노는 것만 좋아해서, 물도 없는 곳에서 배를 끌고 다니고, 무리를 지어 음탕함을 일삼으니 그가 계승하지 못할 곳이오. 나는 그것을 용납할 수 없소."

그 자리에 치수의 명을 받은 우(禹)가 있었습니다.

중국을 다스릴 때 황하(黃河)가 자주 범람해 백성들의 피해가 컸습니다. 최근에도 극심한 물난리를 겪고 있는 중국에서 '우공이 산을 옮기고(愚公移山)', '우 임금이 치수하다(大禹治水)'라는 고사가 다시 등장했습니다. 순임금으로부터 치수사업을 명받은 우(禹)는 치수에 힘쓰는 동안 먹고 입는 것을 소홀히 하고 보잘것없는 곳에 기거하며 귀신까지 정성껏 섬기며 그 힘을 빌리려 했습니다. 얼마나 열심이었는지 가슴과 정강이의 털이 다 빠질 정도였고 자신의 집 앞을 지날 때도 한 번 들어가 보지 못했다(過門不入)고 합니다. 그는 십수 년간 노력한 끝에 수해 방지에 성공했습니다.

우(禹)는 치수사업을 끝냈습니다. "구주(九州)를 개척하고 구도(九道)를 소통시키며 구택(九澤)을 축조하고 구산(九山)에 길을 뚫었다." 황하는 이집트의 나일강처럼 일정한 줄기로 흐르는 물이 아닙니다. 물이 범람하는 대로 내버려 두었다가 토사가 쌓여 비옥해진 하류에서 농사지을 수 있는 그런 물이 아닌 것입니다. 황하(黃河)는 수시로 줄기를 바꾸어 가며 흐르기 때문에 중국 전체를 물에 잠식시키는 참혹함을 연출합니다. 생존을 위해서는 이 물을 다스려야만 했습니다. 우(禹)가 그 일을 해낸 것입니다. 그리고 선양으로 계승의 자리에 오르게 되었습니다.

외치보다 내치

백성을 다스리려면 기술적 역량만으론 부족합니다. 우(禹)와 달리 그동안 바깥이 아닌 내치에 전념해 온 인물이 있었으니 '고요'입니다. 우가 순임금에게 선양을 받으려면 경험자이자 선배인 고요로부터 인정을 받아야 하고 그로부터 배워야 했습니다. 따라서 우에게 임금 자리를 선양해 주고 싶은 순임금으로선 고요와 우의 조화가 필요했습니다. 고요가 우에게 말합니다.

"진실로 도덕에 따라서 일을 처리하시면 계획하는 일이 분명해지고 보필하는 사람들이 화합할 것입니다."

고요는 '화합(和)'을 강조했습니다. 화합하기 위해선 '도덕(道德)'에 따라 일을 처리하는 것이 중요하다고 간단히 말합니다. 13년 동안 오른손에 그림쇠와 곱자를 들고 왼손에 먹줄을 들고 측량하며 나무를 베고 산을 뚫으며 물길을 만들고 도로를 만들던 기술자 우(禹)에게 도덕은 어려웠을 것입니다. 그런데 우(禹)는 고요하게 물었습니다.

"그렇습니다. 어떻게 하면 될까요?"

마치 도덕이란 말을 처음 듣는 사람처럼 어떻게 하면 되겠느냐고 되묻는 우(禹)에게 고요는 친절하게 자신을 수양하는 것이 우선이라고 말합니다. "자신을 신중히 하고 깊이 생각하면 지혜가 생겨 구족(九族)을 질서 있게 할 수 있고 보필할 신하들이 모여든다."며 자신은 지도자의 자질로 인재를 알아볼 수 있는 능력(知人)과 백성을 편안하게 할 수 있는 능력(安民)을 꼽는다고 했습니다. 백성을 편안하게 하기 위해서는 정치 파트너인 신하를 알아볼 수 있는 안목이 절대 필요한데 수신(修身)이 될 때만 그것은 가능하다는 것입니다.

이어서 고요는 더 길게 아홉 가지 덕행, 구덕(九德)에 대해서 말합니다. '관대하면서도 준엄하기(寬而栗)', '부드러우면서도 주관은 있기(柔而立)', '성실하면서도 공손하기(愿而共)', '조리가 있으면서도 삼가기(治而敬)', '유순하면서도 의지는 강하기(而毅)', '정직하면서도 온화하기(直而溫)', '대범하면서도 청렴하기(簡而廉)', '결단성이 있으면서도 착실하기(剛而實)', '용감하면서도 정의로울 것(彊而義).' 이것이 고요가 말한 아홉 가지 덕입니다. 이른바 '…이면서도 … 이기.' 모순처럼 보이는 두 인격을 동시에 갖추는 것, 그러면서도 아무런 불편함이 안 느껴지고 끌리게 만드는 인격. 그게 '덕'이라고 합니다. 그리고 그것은 수신에서 비롯됨을 고요는 설파하고 있습니다.

듣고 있던 순임금이 우(禹)에게 말합니다. 확언하라는 의미일 것입니다.

"그대도 고견(皐言)을 말해 보시오."

우(禹)는 자신은 부지런히 일할 생각만 한다고 했습니다. 고요가 그 부지런함이 무엇이냐고 묻자, 우(禹)는 13년 동안 치수했던 일을 늘어놓을 뿐이었는데, 뜻밖에 고요는 "그렇습니다. 이것이 바로 그대의 미덕입니다."라고 했습니다. 순임금은 우(禹)가 고요가 말하는 수신과 덕을 갖추었음을 인식하고, 그 말에 끄덕이며 마침내 우(禹)는 왕이 되어 하(夏)나라를 열었습니다.

하나라는 470여 년간, 폭군 17대 걸(桀)왕에 이르러 망하기 전에도 몇 번의 위기를 겪었습니다. 태강(太康)왕과 공갑(孔甲)왕 때였습니다. 그때마다 원인은 왕 자신에 있었습니다. 신하의 말을 듣지 않고 여색이나 사냥을 탐하고 수신(修身)은 멀었습니다. 예나 지금이나 우리의 화두입니다.

유연하지만 의연하게

인지적 유연성의 핵심 중에 하나는 '최적의 의사결정을 위해 전략을 변경하는 것'이라고 캠브리지 신경정신학자인 사하키안 교수는 말합니다.

리더의 리더십은 용인(用人)으로 시작되고 논공행상(성과평가-보상)으로 마무리된다. 19살에 황제에 올라 60년을 통치한 청의 강희제는 그의 용인의 원칙을 다음과 같이 8자로 말했습니다.

疑人不用 用人不疑
의심되면 쓰지 않고, 일단 쓴 사람은 의심하지 않는다.

신중한 인재 선택, 선택한 인재에 대한 강한 믿음은 조직을 강하고 빠르게 움직이게 하고 결속력을 단단하게 합니다. 원칙과 믿음은 구성원들이 조직의 리더와 양질의 관계를 구축하고 자신이 조직에 기여하고 있다는 느낌을 갖게 함으로써 조직 내에서 한 일원으로서 소속감을 갖습니다. 이렇게 조직 구성원들과 관계에 초점을 두는 리더십은 유연함을 가질 때 힘이 있습니다.

포용적 리더는 조직 내의 각 구성원이 가진 다양한 특성과 관점을 유연하게 흡수하여 팀 협력과 창의성을 높여 혁신을 촉진하고 조직의 성과를 향상시킵니다. 포용적 리더의 유연함은 주어진 상황에 대한 적응력을 높여, 리더십 스타일을 적절히 조절하여 조직을 효과적으로 이끌어 나갑니다.

유연함을 가진 포용적 리더가 되기 위해서는

1. 성장마인드 셋을 갖는다.
2. 자기 돌봄에 익숙해야 한다.
3. 경험에서 의미를 찾고, 그것에서 배우려는 의지가 있어야 한다.
4. 스스로 피드백을 요청하여 겸손하게 수용하고 피드백으로 발전의 계기를 만들어야 한다.

빠른 변화와 상황에 끊임없는 적응이 요청되는 시대에 경험을 활용하고 실험을 지속하여 의식을 확장하고 유연함의 힘을 강화하는 리더는 지속성장 중심 문화로 나아가게 할 것입니다.

유연함을 지닌 포용적 리더가 잊지 말아야 할 덕목이 있습니다.

가치관의 정립과 그 가치관을 유연함 속에서도 의연하게 유지하는 것입니다.

柔而毅然

유이의연

자연을 닮은 유연함

포용적 리더인 그대에게 질문합니다

1. 리더인 그대의 덕목은 무엇인가요?

2. 리더로서 기억에 남는 실적은 무엇인가요?

3. 리더의 자리에서 받는 스트레스를 해소하는 방법은
   무엇인가요?

4. 리더로서 힘들 때 어디에(혹은 누구에게) 기대는지요?

5. 차세대 리더, 혹은 리더가 되고자 하는 사람에게
   주실 조언이 있다면?

疑人不用 用人不疑

의심되면 쓰지 않고, 일단 쓴 사람은 의심하지 않는다.

2장

변혁적 리더

: 현실과 교감하라

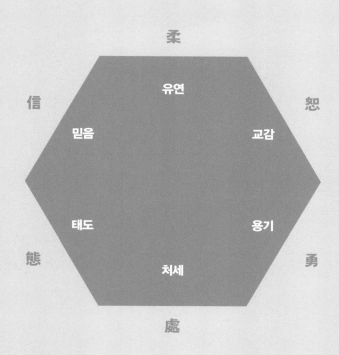

변화의 심장

恕서

변화는 게임이다.
마지막 넘어야 할 게임체인저는 사람이다.
사람이 변화의 심장이 된다.
상앙의 신법,
요리사 이윤, 쓴 말 하는 육가가 있다.

변화하지 않는 유일한 것은 '변화'뿐이다.
변화의 핵심은 무엇인가?
매서운 바람인가, 따뜻한 온기인가.
둘 다이다.
친밀함과 위엄을 모두 갖추어야 한다.

恕는
내 마음(心)을 밀어서 그의 마음에
이르게 하여 같게(如) 하는 것,
推己及人이다.
(em + pathy이다)

誠意而待物 恕己而及人
자신의 뜻을 진실되게 해서 다가가서
자신의 마음을 확장해서 공감을 이루어
다른 사람에게 영향을 미친다.

변화하려는 자는 자기가 믿는 바가
강하고, 그러한 강한 자리에 있기에
미세하게 듣고 결의해서 나아가야 한다.
독단하면 위험하다.
자연적이면서도
화학적인 친화력(교감)을 가져야
마지막까지 온전하다.

각박한 변혁의 종말 : 상앙

– 실패한 게임 체인저

[장면 1] (위나라 사람 상앙이 자기 나라에서 뜻을 펴지 못했다. 진효공이 유능한 사람을 구한다는 소
식에 상앙은 진효공을 만나 부국강병책의 방법으로 법치를 제안한다. 진효공이 기뻐하고 변
법을 시행하려 하기 전에 걱정이 되어 신하들에게 말한다.)

"법을 바꾸어 시행하여 습속을 바꾸게 되는데 천하가 잘 따를까요?"

상앙이 말한다.

"의심하며 행동하면 공명이 없고, 의심하며 일하면 성과도 없습니다. 뛰
어난 사람의 행동은 비난받기 마련이고, 남다른 사람의 생각은 일반 사람
의 비방을 만나기 마련입니다."

그러자 신하 감룡이 반대의 뜻으로 말했다.

"성인은 백성의 습속을 바꾸지 않고 교화하며, 지혜로운 사람은 법을 바
꾸지 않고 다스립니다. 지금 있는 법에 따라 다스리면 관리는 익숙하고 백

성은 편안해합니다.”

이에 상앙이 다시 반박하며 말한다.
“세상은 한 길로만 다스리지 않습니다. (세상이 바뀌고) 나라가 이로우면 옛법을 고집할 필요가 없습니다.”

결국, 변법 시행과 관련한 토론에서 진효공은 상앙의 손을 들어 준다.

[장면 2] (법이 시행되고 상앙은 이목지신(移木之信)의 마음으로 백성들에게 법령을 하달한다. 새로운 법이 불편함을 말하는 사람이 많았다. 그러던 중에 군주의 후계자인 태자가 법을 어겼다.)

상앙이 좌시하지 않고 강력히 말했다.
“법이 시행되지 않는 것은 윗선에서 어기기 때문이다. 작은 위법도 놓치면 안 된다.”

태자는 군주의 후계자로 처벌할 수 없어, 태자의 대부 공자 虔건을 처벌하고, 그의 태사 공손고에게는 얼굴에 뜸을 뜨는 형을 가했다. 그렇게 하니 백성들이 모두 법령에 따랐다.

[장면 3] (상앙이 진의 상이 된 지 10년, 종실과 귀족 중에 원망하는 자가 많았다.)

대신 조량이 상앙을 만나 각박한 법으로 밀어붙이는 폐해에 대해 상황을 설명한다.

"태자의 사부에게 경형을 가하고 백성들을 바뀐 법으로 가혹한 형벌로 상하게 하였으니 원망과 화가 쌓였습니다. 백성들에 대한 교화가 법보다 시급하고 백성들이 그것을 본받는 것이 법보다 빠릅니다. '사람을 얻는 자는 흥하고, 사람을 잃는 자는 무너진다'고 하였으니 갖고 계신 권세와 영화를 조절하시고 법의 각박함도 조절하여야 나라의 평안과 君(상앙의 벼슬)의 평안이 보장될 것입니다." 하며 각박한 상앙에게 부드럽고 친밀한 정치를 권했다.

그러나 상앙은 거절했다.

[장면 4] (그로부터 다섯 달 후, 진효공이 죽고 태자가 섰다. 처벌당했던 공자 건이 상앙이 반역을 꾀한다고 하고 상앙을 잡게 했다. 상앙은 도망쳐 객사에 묵으려 하는데 주인이 말한다.)

"법에서는 묵으려는 사람의 신분증이 없으면 함께 처벌받습니다." 하고 숙박을 거절한다.

"내가 만든 법에 내가 걸려들었구나." 상앙이 탄식했다.

진효공이 된 태자는 상앙을 잡아 사지를 찢는 거열형을 가했다.

멀리서 상앙에게 조언했던 조량의 말이 들린다.

"남의 말을 돌이켜 듣는 것을 聰총(경청)이라 하고, 안을 들여다보는 것을 明명(공감)이라 하며, 자신을 이기는 것을 强강(굳세다)이라 합니다."

"법이 시행되지 않는 것은 윗선에서 어기기 때문이다.
작은 위법도 놓치지 마라."

자기는 못 바꾼 게임 체인저

상앙(商鞅, 기원전 390?-기원전 338년)은 중국 전국시대의 중요한 법가 사상가이 자 정치가로, 그의 본명은 위앙(衛鞅)이며, 흔히 상군(商君)으로도 불립니다. 그는 진나라 효공(孝公)을 도와 진나라를 강국으로 변모시키는 데 큰 기여를 했습니다.

상앙은 본래 위나라 출신으로, 처음에는 위나라 재상 공숙좌(公叔痤)의 밑 에서 일했습니다. 공숙좌는 그가 뛰어난 인재임을 알아보고 그를 추천했으 나, 위나라의 군주는 이를 받아들이지 않았습니다. 이에 상앙은 위나라를 떠나 진나라로 가서 효공을 만나게 되었습니다.

상앙은 진나라에서 효공의 전폭적인 지원을 받아 20년간 진나라의 재상 을 지내며 변법의 책임자로 발탁되어 일련의 개혁을 추진했습니다. 그의 개혁은 법가 사상을 바탕으로 하여 법과 질서를 강화하는 방향으로 진행되 었습니다. 모든 사람에게 법을 공평하게 적용하여 귀족과 평민을 불문하고 법을 어기면 엄격히 처벌했습니다. 이를 통해 사회질서를 확립하고 국가의 권력을 중앙으로 집중시켰으며, 군공(軍功) 제도를 도입하여 전쟁에서 공을 세운 자에게 작위와 토지를 부여하여 군의 사기를 높여 군사력을 강화했고, 농민들에게 토지를 나누어 주고 경작을 독려하여 생산력을 높여, 이를 통해 진나라의 경제 기반을 강화했습니다.

상앙의 개혁은 진나라의 국력을 크게 증대시켰지만, 귀족들의 세습특권을 폐지하고 평민과 동일하게 공적에 따라 관직과 토지를 나누어 주어 귀족들의 반발을 불러일으켰습니다. 또 그 과정에서 태자가 잘못을 저질렀을 때 시범 효과를 노려 태자 스승의 코를 베는 사건이 있었습다. 상앙의 변혁은 오로지 효공의 절대적인 지지 속에서 추진되었기에 효공이 사망한 후, 새로운 군주인 혜문왕(惠文王)이 즉위하자 상앙이 "법 집행에 예외는 없다"고 하며 칼을 대었던 적대자들은 그에게 누명을 씌워서 상앙이 만든 법에 상앙이 걸려들었고, 상앙은 결국 체포되어 처형당하고 그의 일가도 몰살당했습니다.

상앙의 개혁은 그의 죽음 이후에도 진나라에 깊은 영향을 미쳐, 진나라가 전국 시대를 통일하는 기초를 마련했으나 상앙은 없었습니다. 사마천의 『사기』에 따르면, 상앙은 법과 질서를 중시하는 법가 사상의 대표적인 인물로 평가됩니다. 그의 개혁정책은 진시황의 천하통일에 결정적인 기여를 했습니다. 그러나 법가를 지향했던 통일국가 진은 5년을 못 갔습니다. 초한전쟁에서 이긴 한나라 고조는 가혹했던 진나라 법을 약법 3장으로 간소화하여 민심을 얻는 단초를 마련했습니다.

일본의 근대화를 이끈 '료마'에게
변혁의 DNA를 배우다

상앙은 전국시대 가장 성공한 정치적 인물입니다. 더구나 그의 변법은 현실정치에 채택되어 시행되었으며 이후 통치 기제로 기능하면서 전국시대를 통일하는 원동력이 되었습니다. 그렇기 때문에 상앙의 법치사상은 이후 한비에 의해서 집대성된 법가의 정치적 함의를 추출할 수 있는 논거일 수 있습니다. 상앙의 법치 주장은 법이라는 객관적 기준에 따라서 군주 신민 양자에게 동일하게 적용되는 공정성을 확보함으로써 군주의 지배와 신민의 복종에 쌍무적인 관계의 산물이라는 점을 시사합니다. 왜냐하면 이와 같은 관계로부터 내부적인 권력의 강화와 보상−처벌의 체계에 따라서 신민의 합리적인 행동과 사적 이익을 확보할 수 있기 때문입니다. 법의 평등성과 신상필벌의 기준은 바로 법치에 따른 의무이행을 유도하는 수단입니다. 그 결과 국가의 공적 이익, 즉 부국강병과 경쟁에서의 승리는 군주와 신민의 사적 이익을 일치시킨 데 기인하는 것입니다. 따라서 상앙의 법치 주장은 국가지상주의 또는 전제군주의 정당화를 위한 논리가 아닙니다. 오히려 군주제하에서 군주 자신의 의무 준수가 신민의 복종과 순응을 가져오며 그로부터 내부적 질서와 안정이 가능하다는 점을 보여줍니다. 상앙의 변법은 바로 의무에 대한 인지와 이행을 강제적으로 유도해서 규범화하려는 의도를 내포한 것입니다. 그럼에도 불구하고 상앙의 법치론은 이제까지 패정, 국가지상주의, 무단적 전제군주론으로 평가절하되어 '법 앞에 평등'이라는 배려 없는 각박한 변혁적 리더가 되어 아스라이 떠났습니다.

료마의 변혁을 위한 소통과 공감

일본의 무사 사카모토 료마는, 19세기 막부 말기의 혼란스러웠던 일본의 시대 상황을 극복하고, 일본이 봉건주의 사회에서 근대국가로 나아가는 메이지 유신의 씨앗이 되었다고 일컬어지며, 21세기 현대 일본인들에게 최고의 지도자로 추앙받고 있습니다.

무사 료마는 변혁적 리더십의 4가지 구성 요소를 모두 충족시키며, 변혁적 리더십의 대표적인 사례 중 하나입니다. 그는 자신의 비전과 목표를 구성원들에게 전달하고, 그들의 신뢰와 존경을 얻어내는 능력인 카리스마(Charisma)를 지니고 있었습니다. 또한, 구성원들의 개인적인 욕구와 필요를 고려하여 그들과 교감하고, 그들의 성장과 발전을 돕는 능력인 개별적 배려(Individualized Consideration)를 지니고 있었습니다. 무사 료마는 구성원들의 창의성과 독립적인 사고를 촉진(Intellectual Stimulation)하고, 새로운 아이디어와 방법을 제시하는 능력인 지적 자극을 지니고 있었습니다. 마지막으로, 구성원들에게 목표 달성을 위한 열정과 동기를 부여하고, 그들의 노력을 인정하는 능력인 분발 고취(Inspirational Motivation)를 지니고 있었습니다. 실제로 료마는, 국가의 혼란스러운 상황에서 일본의 근대화를 위해 노력했습니다. 그는 일본의 봉건주의 사회에서 근대국가로 나아가는 메이지 유신의 씨앗이 되었으며, 일본의 전통적인 계급제도를 타파하고, 균등한 국민권을 주장하였습니다. 또한, 일본의 국방력 강화와 국제화를 위해 노력했습니다. 이러한 활동들은 무사 료마의 변혁적 리더십의 구성 요소들을 반영하고 있습니다.

변혁의 3가지 행동 요소

무사 료마는 변혁적 리더십의 4가지 구성 요소인 카리스마, 개별적 배려와 교감, 지적 자극 그리고 분발 고취의 양상을 충족하였으며, 변혁적 리더가 조직의 방향을 변화시키는 3가지 행동 요소인 변화의 필요성 인식, 새로운 비전의 창출 그리고 변화의 제도화 요소를 모두 갖춘 변혁적 리더였습니다. 이러한 리더십은 갈등과 격변의 시기를 이끌어 나갈 지도자상으로 그 시사점을 제공합니다.

요리로 소통한 교감의 신 : 이윤
- 탕(湯)의 정복 파트너

하(夏)의 마지막 임금은 걸(桀)입니다. 걸의 학정(虐政)으로 백성들이 괴로워하자, 탕(湯)은 천명(天命)을 받들어 정복 전쟁에 나서기로 합니다. 그때, 탕과 함께했던 인물이 바로 이윤입니다.

'伊尹名阿衡(이윤은 아형이라 부른다.)'

이렇게 이윤의 내력에 대한 이야기가 시작됩니다. 아형이란 관직 이름입니다. 아형은 지금의 국무총리에 해당하는 관직으로 이윤의 진짜 이름은 '摯(지)'라고 합니다.

그렇다면, 이윤은 어떻게 탕의 파트너가 될 수 있었을까요? 이에 대해선 두 가지 설이 있습니다.

이윤은 탕을 만나고자 했으나 줄이 없었다. 이에 유신 씨의 잉신이 되어 질과 조를 지고 맛있는 음식으로 탕을 기쁘게 하여 탕이 왕도를 이루었다.

伊尹欲奸湯而無由, 乃爲有莘氏臣, 負鼎俎, 以滋味說湯, 致于王道.

왜 요리사인가?

"군주에게 의심받지 않아야 자신이 아는 바를 다 말할 수 있다. 이윤 같은 인재도 군주에게 등용되기 위해 요리사를 했고, 신임을 얻고 나서야 반감을 사지 않고 지혜와 언변을 마음껏 펼칠 수 있었다."

이윤같이 똑똑한 사람도 신임을 얻고자 요리사를 했습니다. 설득하기 전 마음을 먼저 얻어야 의심이나 반감을 사지 않는다는 한비자의 말을 실천한 것입니다. (똑똑한) 머리보다 (다정한) 가슴이 먼저라고 한비자는 말했습니다. 좋은 것만 먹고 다니는 고위 계층은 입맛이 얼마나 까다로울까요. 그런 사람들 입맛을 사로잡았던 이윤은 사람에 대한 취향이나 장단점을 세밀하게 파악했을 것입니다. 사람들 심리나 특성을 잘 알고 거기에 맞춰 요리를 했던 이윤은 심리 파악 고수였을 것입니다. 군주의 입맛을 맞추고, 기분을 살피며 조금씩 어필해 나갔겠지요. 요즘 말하는 오마카세 셰프의 모습입니다.

"이윤은 지혜로운 사람 가운데에서도 지극한 사람이었다. 이윤은 탕왕을 만나려 했으나 길이 없자, 탕왕에게 시집가는 유신 씨 딸의 잉신(시집갈 때 따라가는 종)이 되어 탕왕 곁에 있게 되었다. 기회를 갖게 된 이윤은 탕왕 곁에서 자기의 뜻을 일흔 번이나 유세(설득)했지만 받아들여지지 않았다. 그리하여 이윤은 몸소 솥과 도마를 잡고 주방장이 되어 탕왕에게 요리를 하면서 친해졌고, 그제야 비로소 탕왕도 이윤의 현명함을 깨닫고 그를 재상에 등용했다."

— 『한비자』, 「난언」 편

"이윤이 요리사가 된 것은 군주에게 등용되기 위해서다. 이윤같이 뛰어난 인물도 천박한 일을 겪은 뒤에야 세상에 나왔다. 유능한 인재라도 (등용되기 위해) 요리사를 할 수 있고 부끄러워할 일이 아니다."

한비자도 「세난(說難)」 편에서 이윤을 출세와 설득하는 방법론의 모범 사례로 소개했습니다.

탕왕은 음식을 즐겼다고 합니다. 이에 이윤은 상대가 좋아하는 것이 무엇인지 파악하고 마음을 먼저 얻기로 하고 스스로 부엌으로 들어갔습니다. 한비자는 이 일화를 소개하면서 설득하고자 하는 결심이 서면 "자신의 말이 일개 요리사의 말이 될지라도 그것으로 상대의 말을 열어 상대를 설득할 수 있다면 부끄럽게 생각할 일이 아니다."라고 했습니다. 설득은 상대의 뜻을 거스르지 않는 범위에 있는 것입니다. 또한 말투도 상대의 감정을 건드리지 않아야 합니다. 그런 뒤에야 자신의 지혜와 의견을 마음껏 구사할 수 있는 것입니다. 설득하기 전에 마음을 먼저 얻어야 의심이나 반감을 사지 않는다고 한비자는 강조했습니다. 머리보다 가슴이 먼저라고 한비자는 말하는 것입니다.

훌륭한 임금들은 항상 파트너가 있습니다. 탕에게는 이윤이 있었습니다. '인사(人事)가 만사(萬事)'입니다. 군주의 파트너는 그의 덕을 찬양할 줄만 아는 자가 아닌, 그의 잘못을 꼬집어 말해줄 수도 있는 자여야 합니다. 때로는 나를 다스리는 좋은 방도도 제시할 수도 있어야 했습니다. 그런 이를 군주인 '나'보다 잘났다고 하여 꺼리는 것이 아니라 '나의 사람'으로 진정으로 받아들이고, 함께할 수 있는 것, 이것이 군주가 갖추어야 할 필수적인 덕목이 아닐까 생각합니다. 지인(知人)하고, 또 그를 용(容)할 수 있는 군주! '위대한 군주'라는 위엄은 오히려 이로부터 나오지 않을까요? 진정으로 군림한 자만이 누구든 포용할 수 있을 테니까요.

이윤의 인물상을 가장 집약적으로 말해주는 평은 맹자가 말한 "임성(任聖)"이라는 칭호입니다. '임성'이란 천하를 자신의 책임으로 삼은 성인이라는 말입니다. 유신의 들에서 밭을 갈던 때에 이윤은 홀로 도를 실천하며 스스로 자족하여 사는 개인적 삶을 좇았지만, 이후 마음을 돌려 출사한 후에는 천하의 이로움을 추구하는 공적인 삶을 택했습니다. 군주를 요순과 같은 임금으로 만들지 못하면 스스로 부끄러워 시장에서 종아리 맞는 것과 같다고 여겼고, 가장(家長) 한 사람이라도 살 곳을 얻지 못하면 자신의 죄라고 여겼습니다. 후에 탕왕이 죽고 폭정을 일삼는 태갑이 왕이 되었을 때도 이를 깨우쳐 끝내 바른 정치를 하도록 인도하였다는 점에서 더욱 존경을 받았습니다. 위로는 탕과 태갑을 저버림이 없었고, 아래로는 천하에 배반됨이 없이 자신의 무거운 소임을 다했다고 하여 '임성'이라 칭해졌습니다.

왕도정치를 베풀라는 가르침

이윤의 고사를 그린 그림은 대개 이윤이 밭을 갈고 있고 탕왕이 보낸 사신들이 그를 찾아온 장면으로 이루어져 있습니다. 민화 고사 인물화에 즐겨 다루어진 주제이지만 원래는 일반 회화에서 다루어지던 것입니다. 이윤의 고사를 그린 현존작 중 가장 앞선 것으로는 18세기 초에 활동한 도화서 화원 양기성이 그린 「이윤경신도」가 있습니다. '이윤경신(伊尹耕莘)'이란 이윤이 신 땅에서 밭을 간다는 뜻입니다. 이 그림은 『만고기관첩』이라고 하는 다양한 고사 인물화가 포함된 서화첩에 들어 있습니다. 조선 후기 왕실에서 제작하여 감상했을 것으로 여겨지는 서화첩입니다. 그림 속에서 이윤은 머리에 밀짚모자를 쓰고 소매와 바짓가랑이를 걷어붙이고 맨발로 밭을 갈고 있습니다. 그의 오른쪽에 관복을 갖춘 탕왕의 사신이 공수 자세로 서 있고 그 옆에는 패물을 들고 있는 시동이 보입니다. 바로 뒤에는 우거진 나무가 있고 멀리는 첩첩이 이어진 산이 보입니다. 농사지으며 은둔의 삶을 살고 있는 이윤을 탕왕이 초빙하는 장면을 포착한 것으로 보입니다. 은둔의 삶에서 만인을 위한 왕도정치의 길로 들어선 중요한 장면이라 할 수 있을 것입니다. 화폭의 맞은편에 이 이야기를 필사한 서폭이 나란히 배치되어 짝을 이루고 있습니다. 내용은 『맹자』의 「만장」 편 중의 핵심 구절을 적은 것인데, 조선 후기의 대표적인 문신이자 서예가인 윤순(尹淳)의 필적으로 알려져 있습니다.

"내가 밭에서 이대로 요순의 도를 즐기는 것이 이 군주로 하여금 요순과 같은 군주가 되도록 하는 것만 하겠는가!"

위정자의 입장에서 이윤의 고사가 주는 메시지는 어진 재상을 알아보고 기용할 줄 아는 혜안을 갖추라는 교훈일 것입니다. 훌륭한 신하가 있어야 왕도정치를 베푸는 성군이 될 수 있고, 현자를 얻기 위해서는 스스로 현명한 군주가 되어야 하니, 인재를 얻으려면 내 몸을 먼저 닦아야 한다는 가르침입니다.

맹자는 이윤을 특별히 좋아하고 존경했다

맹자의 이윤에 대한 애정은 공자가 주공을 꿈에 그리도록 사랑하고 존경하는 것과 비슷합니다. 주나라 초기 주공의 역할이나 은나라 초기 이윤의 역할은 거의 동일합니다. 모두 신왕조 개창의 혁명의 주체입니다. 공자의 패러곤은 주공이었고, 맹자의 패러곤은 이윤이었습니다. 그리고 기질적으로도 이윤은 맹자의 위인과 상통하는 측면이 있었습니다.

다정함의 뒷면, 치밀함

이윤은 상대의 입맛에 맞추어 요리하듯, 상대 파악 명수로 하나라 걸왕이 호색하고 여자에 약하다는 약점을 파악하여 미인계를 썼습니다. '말희'란 미인을 보내 걸왕을 혹하게 만든 후, 주지육림에 빠뜨려, 국고를 탕진시킵니다. 말희로 하여금 포악한 형벌을 써서 하나라 인재를 하나씩 제거하고, 민심을 이반시켜 하나라를 껍데기로 만든 후 결국 멸망시킵니다.

쓴소리로 케미를 만들어낸 친화력 : 육가

– 통합정치 사상, 『신어(新語)』의 저자

육가는 한나라 왕실이 유가 사상을 통치 이념으로 삼도록 하는 데 초석을 다진 인물입니다. 그는 힘만 숭상하던 권력자들을 설득하여 유가적 통치 이념을 주입시켰습니다. 『사기(史記)』「역생육가(生陸賈)열전」에는 다음과 같은 일화가 전해집니다.

"육가가 시시로 고조 앞에 나가 『시경』·『서경』 구절을 칭송하며 말하자 고조는 이렇게 책망하였다. '이 늙은이는 말 위에 살며 천하를 얻었는데 어떻게 『시경』·『서경』 따위를 섬기겠소!' 육가가 말하였다.

"居馬上得之, 寧可以馬上治之乎?

(거마상득지, 영가이마상치지호)

'말 위에 살며 천하를 얻었다고 하여

설마 말 위에서 천하를 다스릴 수 있다고 생각하십니까?'"

하물며 은나라 탕(湯)왕과 주나라 무(武)왕은 세상 이치를 거스르고 힘으로 취하였으나, 결국은 세상 이치에 순응하여 덕으로 천하를 지켰습니다. 문무의 겸용이야말로 장구히 유지할 수 있는 통치술입니다.'"

중국이 저 거대한 규모로 통합될 수 있었던 이유 가운데 하나는 한나라 때 유가를 중심으로 사상이 통일되었기 때문이라고 해도 과언이 아닙니다. 전국시대 말기에 나온 『순자(荀子)』 등은 이러한 학문적 통합의 전형을 보여주는 책이며, 육가의 『신어(新語)』도 그 연장선상에 있습니다.

정치적 통일을 달성한 진시황이 분서갱유(焚書坑儒)를 단행해 법가로의 사상적 통합을 기도하고, 승상 이사가 책을 관청에만 두게 하고 민간에서의 서적 소유와 복제를 금하는 협서율(挾書律)을 건의하면서 학문과 사상이 탄압을 받았기 때문에 수십 년 동안 유가 사상은 구전으로만 전승되어야 했습니다. 게다가 전국시대 말의 겸병전쟁, 진나라의 통일전쟁과 이어진 진승(陳勝)·오광(吳廣)의 농민봉기 그리고 초한(楚漢)전쟁을 거치면서 지식, 특히 유가적 지식의 무용성이 극대화되고 반지성주의가 횡행했습니다. 이러한 경향을 일약 반전시킨 사람이 육가였습니다.

유방은 육가에게 부끄러워하며 "나를 위해 진이 천하를 잃게 된 까닭과 내가 천하를 얻게 된 까닭 그리고 예로부터의 국가적 성공과 실패에 대하여 글을 한번 써주시오."라고 하였고, 육가는 이에 『신어』를 썼다고 합니다. 육가는 국가 존망의 증험에 대하여 거칠게 서술하여 모두 12편을 써냈다. 매 1편씩 상주할 때마다 고조가 칭찬하지 않은 적이 없었으며, 좌우 신하들은 만세를 불렀는데 그 책 이름을 『신어』라 부른다. 이를 통해 『신어』가 국가적 성공과 실패에 대하여 분석하고 있는 책으로, 『시경』·『서경』 등 유가의 기본 이념에 충실한 책이라면, 세상 이치에 순응하여 덕으로 천하를 다스리는 방안을 모색하는 책이고, 문과 무를 겸용하는 통치술을 얘기하는 책임을 알 수 있습니다.

육가는 깊은 학식과 뛰어난 언변을 지녔으며 융통성 있고 평정한 삶을 살았습니다. 정치가, 사상가, 문학자의 기질을 한 몸에 지닌 사람이라 할 수 있습니다. 개국공신으로 대접받지 못한 데 불만도 없었으며, 봉록에 연연하지도 않았습니다. 그는 40대 후반에 칭병사직하고 수도 장안(長安)을 떠나 유유자적하기도 했습니다.

『역생육가열전』을 보면 그의 삶을 짐작할 수 있습니다.

"호치(好畤) 현의 전답이 비옥하여 집안 살림을 잘 꾸릴 수 있었다. 아들이 다섯 있었는데, 월나라에 사신으로 갔을 때 얻은 주머니 속에 간직된 보물을 꺼내 천 금(金)에 팔아 아들들에게 나누어주니 아들마다 2백금이어서 그

것으로 생업을 삼아 살도록 하였다. 육가는 자주 네 필의 말이 끄는 수레에 편히 앉아 노래하고 춤추고 금슬을 연주하는 시자들 10명을 따르게 하였으며, 갖고 다닌 보검은 백금의 값어치가 있었는데, 아들들에게 이렇게 말하였다. '내 너희와 약조를 하마. 내가 너희 집에서 묵는 동안 너희는 내 사람들과 말에게 술과 음식을 주되 그들이 원하는 대로 해주어야 한다. 나는 열흘마다 집을 바꿔가겠다. 내가 뉘 집에서 죽으면 보검과 수레, 말, 시종들은 그 집에 주겠다. 1년이면 다른 손님 댁도 왕래해야 하므로 많아야 두세 번을 넘지 않을 것이니 때마다 신선한 음식을 제공하고 오래 있어도 나에게 싫증을 내지 말거라.'"

『신어』가 말하는 4가지 통합의 정치사상

첫째, 천생인성(天生人成)

하늘이 만물을 낳으니 땅이 그것을 길러주며, 성인이 그것을 완성시킨다.

둘째, 통물통변(統物通變)

자연의 이치를 모두 체득하여, 상황과 때에 맞추어 변화하여 구현한다.

셋째, 인의도덕(仁義道德)

자신의 역량을 펼칠 수 있는 자리에서 의(義)를 통해 성과를 이루어야 한다.

넷째, 무양덕흥(武讓德興)

형벌을 지양하고 인의도덕의 정치로 나아가는 융합하는 사회를 만든다.

『신어』의 주제는 한마디로 지식에 기반을 둔 통합의 정치사상이라 할 수 있습니다. 육가는 천지자연의 이치가 인간사와 떨어질 수 없다는 『주역』 중심의 천도관을 가졌으며, 시대를 관통하는 도가 존재하고 상황에 따라 규정이 달라질 수 있다는 변통의 역사관을 지녔습니다. 인의도덕을 핵심 개념으로 유가 이념과 현실 정치를 결합시키고 있으며, 폭력과 형벌에 반대하고 있습니다. 도가 사상을 융합시켜 교화를 중시하면서도 무위의 통치방법을 권장하고, 때로는 제국의 질서를 위한 법률의 응용을 주장하기도 합니다. 군주의 용인(用人)술, 간신 변별론, 현인 자질론 등 융통성 넘치는 통치술에 대해서도 많이 이야기하고 있습니다.

『신어』의 4가지 정치사상의 현대적 적용

첫째, 천생인성(天生人成)

시장이 소비의 니즈를 생성하니, 기업이 그것을 비즈니스 모델로 확장하여 리더가 그것을 전개하여 완성시킨다.

둘째, 통물통변(統物通變)

모든 시장의 환경 요소를 인지하여 상황에 맞게 변화와 혁신을 통하여 지속 성장한다.

시장의 변화, 기술의 변화, 경영 자원의 변화 등을 고려하여야 한다.

셋째, 인의도덕(仁義道德)

가치에 기반한 사명과 목적을 견고히 하여 지식에 기반을 둔 경영을 실행한다.

넷째, 무양덕흥(武讓德興)

실패에 대한 두려움 없는 심리적 안전감이 있는 기업 문화를 만들어 결과가 학습되고 기업과 개인이 모두 성장하는 조직으로 나아간다.

- 육가의 지식 핵심은 현실 정치에 도움을 주는 역사 지식이듯이 경영에서도 현실 경영에 도움을 주는 경영 사례 지식이 주효하다.
- 공자는 인의의 교화를 통해 풍속을 바꾸어 길을 만들라고 했듯이, 기업은 문화를 바꾸어 경영 프로세스의 생산성을 향상시켜야 한다.

MS의 변화할 결심

– 시가총액 1위로 등극한 MS의 변화 여정

공감과 개방을 위한, F5(새로 고침)

MS는 1990년대 '윈도우'를 앞세워 PC 강자로 우뚝 섰습니다. 그러나 스마트폰의 출현과 함께 모바일로 패러다임이 바뀌었습니다. 승자의 저주는 내부 조직까지 물들어 폐쇄적이고 치열한 내부 경쟁과 '부서 이기주의'에 빠져 있었습니다. 깊이 뿌리박힌 관성으로 작은 변화도 손을 내밀 수 없었습니다. 각 매체에서는 "MS는 죽었다."라고 했고 주가는 곤두박질치고, 매출은 급감했습니다.

2014년, 이사회는 다섯 번의 이사회를 거쳐 사티아 나델라를 3대 CEO로 지명했습니다. 그는 백인이 아니었고, '윈도우' 부서를 거치지 않은 기술에 정통한 SW 개발자에 MS 내부 출신이었습니다. 강력한 혁신을 위해 역부족이라는 외부의 평가를 받기도 했습니다.

"우리의 존재 이유는 무엇인가?"

나델라 CEO는 취임 후 첫 질문을 했습니다. 이 질문을 화두로 주저 없이 개방과 공감을 위하여 'F5'를 눌렀습니다. 2017년 출간한 그의 책 『히트 리플레시』를 통해서 조직을 변화시켜 나간 과정을 3단계로 요약한 것을 볼 수 있습니다.

첫째, 미션을 정의하는 것.
둘째, 비전을 전 조직이 공유하는 것.
셋째, 기업 문화를 만들어 핵심 가치를 지켜가는 것이다.

사티아 나델라 CEO에게 가장 필요한 덕목은 '용기'였습니다. 현실에 젖어 안주하는 구성원들에게 '미래'를 열도록 하는 것에는 많은 저항이 있을 수밖에 없습니다.

"'현실에 맞설 수 있는 용기'를 기회에 맞설 수 있는 용기로 바꾸어야 한다."
– 니체, 『차라투스트라는 이렇게 말했다』, 3부

이때 나델라 CEO는 구성원들의 의견과 불만을 경청하고, 이해관계자를 설득하는 '용기'가 필요했습니다. 니체는 현실에 맞설 수 있는 용기는 존재의 근본적인 불확실성과 무의미함에 대처하는 데 필요한 것이지만, 기회에 맞설 수 있는 용기는 자신의 삶을 창조하고 변화시키기 위한 능동적인 태도를 나타내는 것이라고 말합니다. 나델라 CEO는 힘들게 하는 행동을 외면하지 않고, 그럴 때일수록 새로운 일을 시도했습니다.

개방과 협력

그는 스스로 CEO가 아닌 CCO(Chief Culture Officer : 최고문화책임자)라고 하면서, 내부적으로는 기존의 '스택 랭킹(stack rankin)'이라고 하는 경쟁 중심 상대평가 제도를 절대평가로 바꿨습니다. 실적 중심의 평가 대신 자신이 다른 직원에게 어떠한 도움을 주었는지 등을 평가하는 '영향력' 중심의 평가를 도입했습니다. 외부적으로는 '모바일 퍼스트', '클라우드 퍼스트'를 외치며 과거 PC 시장에 머물던 폐쇄적인 회사를 개방했습니다. 또한 윈도우, 오피스 종속적인 폐쇄적인 구조의 틀을 깨고 모든 플랫폼으로 MS 서비스를 확장할 수 있도록 했습니다. 특히 경쟁사와의 협력도 적극적으로 진행했습니다.

성장 마인드셋

나델라는 내외부의 패러다임을 변화시키면서, '똑똑한 조직'보다는 '건강한 조직'을 강조했습니다. 구성원 각자의 일을 대하는 '태도'를 제시한 것이죠. 역량만을 강조하는 조직에서 조직 구성원들과 이해관계자, 소비자와의 공감과 일의 의미를 확장하는 관점의 변화를 요구했습니다. 동시에 나델라 CEO는 MS 직원들이 성장의 마음가짐을 가지고 일하는 '성장 마인드셋'을 강조하면서 조직 내에 실천하는 방법으로 세 가지를 제시했습니다.

첫째, 고객에게 집중할 것.
둘째, 적극적으로 다양성과 포용성을 추구할 것.
셋째, 하나의 MS를 추구할 것.

분열된 MS를 한 방향으로 만드는 사명을 만들어 이를 성장 마인드셋과 연결시켜 MS를 관통하는 '사내 문화의 힘'이 인프라가 되어 건강한 조직으로 발전시켰습니다.

핵심 가치, 공감 능력

나델라 CEO는 핵심 가치를 추구하는 역량으로 '공감'을 혁신과 리더십의 중요한 원천이라고 하면서, 직원들이 고객과 동료의 관점에서 이해하고, 그들의 니즈를 충족시키는 제품과 서비스를 개발하도록 격려했습니다. 이러한 공감 문화를 확산하고 조직에 체화되도록 직원들 사이에 '피드백'이라는 단어를 통해 '관점(Perpecpective)'이라는 시스템을 도입했습니다. 기존에는 관리자가 직원들의 평가를 수집해 전달해 주는 방식이었다면, '관점 시스템'에서는 직원들이 서로 의견을 존중하고 이 결과를 관리자와 공유하는 방식이라는 것이 다릅니다. 이 과정에서 다른 사람의 의견을 평가가 아니라 코칭으로 인식하게 됩니다. 또한 면담 횟수를 늘려 강화해 나갔습니다.

조직 내 친화력과 관점의 변화를 강조하다

관점 시스템과 면담의 기회가 많아지면서 대화의 질이 중요해졌습니다. 사티아 나델라가 추천하는 4권의 책 중에 가장 첫 번째로 모든 고위 임원들에게 필독서로 마샬 로젠버그의 『비폭력 대화』를 선물하면서, "여러분이 사용하는 언어가 어떻게 관계를 강화하고, 신뢰를 쌓고, 갈등을 예방하고, 고통을 치유할 할 수 있는지 이 책에서 알아볼 수 있습니다."라고 서신을 보냈습니다. 로젠버그는 마음을 소통하는 4단계 모델을 만들고 비폭력 대화(NVC) 모델이라고 합니다.

첫째, 어떠한 판단이나 평가 없이 상대방의 말과 행동을 그대로 관찰한다.
둘째, 상대의 행동을 느낀다.
셋째, 자신의 느낌이 내면의 어떤 요구와 관련이 있는지 말한다.
넷째, 삶을 풍요롭게 하기 위해 상대에게 바라는 것을 부탁한다.

마음을 소통하는 대화의 본질은 대화 방법론이 아니라, 상대의 마음을 내 마음처럼 경험하는 '공감'이 바로 비폭력 대화이고 이는 관계의 친화력이라는 힘을 만들어 내는 것입니다.

MS의 3대 CEO를 선발한 MS 이사회 기능을 돌아봅니다. 용기는 두려움에도 불구하고 직면하고 행동할 수 있는 마음입니다. 용기는 자신의 운명을 스스로 결정하게 하고, 삶의 의미를 찾아줍니다. 불확실한 미래에 대한 두려움이 우리를 올바른 해결책을 찾도록 길을 안내하는 것처럼 두려움을 극복하고 초월하여 도달할 수 있는 최고의 삶과 마주하는 방법은 바로 긍정입니다.

공감, 하나의 소리, 하나의 색깔

膠柱鼓瑟

교주고슬

(膠:아교 교, 柱:기둥 주, 鼓:두드릴 고, 瑟:거문고 슬)

거문고의 기둥을 아교로 붙여놓고 거문고를 탄다는 뜻으로, 규칙만 고수하여 융통성이 없는 꽉 막힌 사람을 이르는 말입니다. 서로 교감해야 변화에 맞추어 하나의 소리를 만들 수 있습니다. 거문고의 기둥을 아교풀로 고착시켜 버리면 영원히 한 가지 소리밖에 나지 않습니다.

『사기(史記)』에 다음과 같이 실려 있습니다.

조(趙)나라에 조사(趙奢)라는 훌륭한 장군이 있었다. 그에게는 괄(括)이라는 아들이 있어 병서를 가르쳤는데, 매우 영리하여 머지않아 병법에 능하게 되었다. 조사는 임종을 맞이하게 되자 부인에게, "전쟁이란 생사가 달린 결전(決戰)으로, 이론만으로 승패가 결정되는 것이 아니다. 병법을 이론적으로

만 논하는 것은 장수가 취할 태도가 아니다. 따라서 앞으로 괄이 장수가 된 다면 조나라가 큰 변을 당할 위험이 있다."라며 나라에서 괄을 대장으로 삼지 않도록 말려 달라는 유언을 하였다.

훗날 진(秦)나라가 조나라를 침략하면서 첩자를 보내 "조나라의 염파(廉頗) 장군은 늙어서 싸움을 하기 두려워하므로 두렵지 않지만, 다만 혈기왕성한 조괄(趙括)이 대장이 될 것을 두려워하고 있다."라는 유언비어를 퍼뜨렸습니다. 이 유언비어를 들은 조나라 왕은 명장인 염파 대신 조괄을 대장으로 임명하려고 했습니다. 그러자 대신 인상여(藺相如)가 "왕께서 그 이름만을 믿고 괄을 대장으로 임명하려는 것은 마치 기둥을 아교로 붙여놓고 거문고를 타는 것과 같습니다. 괄은 단지 그의 아버지가 준 병법을 읽었을 뿐, 상황에 맞추어 변통할 줄 모릅니다."라고 조언하며 조괄의 대장 임명을 극렬히 반대했습니다. 그러나 조나라 왕은 인상여의 말을 무시하고 조괄을 총사령관에 임명해버립니다. 아버지의 우려대로 병법 이론만으로 작전을 전개하다 조괄은 40만이라는 대군을 모두 죽이는 중국 역사상 최대ㆍ최악의 참패를 가져왔습니다.(장평전투)

임종을 맞이하면서도 자식의 '틀에 박힌 사고'를 걱정한 아버지 조사(趙奢) 장군의 충정에 머리가 숙여집니다. 우리는 무의식적으로 고착화된 프레임을 뛰어넘어야 합니다. 그런 '창의적 발상과 도전' 없이 나와 조직의 발전을 생각한다는 것은 어불성설(語不成說)입니다. 교주고슬(膠柱鼓瑟)의 비유가 대략 2,300년 전 이야기입니다.

"변화(變化)란 단순히 과거의 습관을 버리는 것에 그치는 것이 아닙니다. 과거의 습관 대신에 새로운 습관을 익히는 것입니다."

    – 캔 블랜차드

변혁적 리더인 그대에게 질문합니다

1. 당신의 현 위치에서 사명(미션)은 무엇인가요?

2. 당신의 5년 후의 모습을 말해주세요.

3. 그 모습이 되기 위한 구체적인 목표(비전)은 무엇인가요?

4. 그 목표를 달성하기 위하여 어떤 노력을 해야 할까요?

5. 목표를 달성하기 위한 제약(방해) 요소는 무엇인가요?
   - 그 제약 요소를 해결하기 위한 방안은 무엇인가요?

居馬上得之, 寧可以馬上治之乎?

말 위에 살며 천하를 얻었다고 하여

설마 말 위에서 천하를 다스릴 수 있다고 생각하십니까?

3장

도전적 리더

: 세상을 바꿀 용기를 가져라

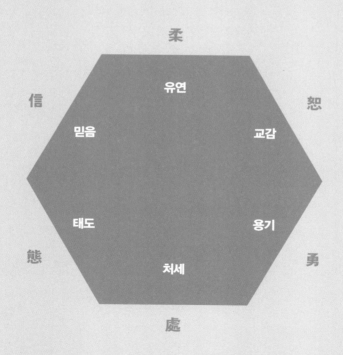

죽음의 서사

勇용

죽음의 뒷면에는 서사가 있다.
죽음은 은밀한 동기부여자다.
그래서, 진실한 서사에는 용기가 있다.
용기는 죽음 앞에서 삶을 마주 보게 한다.

용기는 두려움에도 불구하고
직면하고 행동할 수 있는 마음이다.
용기는 자신의 운명을
스스로 결정하게 하고,
삶의 의미를 떠오르게 한다.

勇者非不畏死者
死於所不可以已者也.
용기란 죽음을 앞두고 두려워하지 않는 것이 아니라
죽음을 앞에 두고 옳은 일을 하는 것이다.
－「맹자」

헛헛하게 죽어간 정치가 : 여불위

– 투자인지 투기인지 메타인지가 부족했다

[장면 1] (큰 상인인 여불위가 투자할 물건을 보고 흠칫 미소 짓는다.)

"기이한 물건이니 사둘 만하다."

여불위 눈에 들어온 것은 진나라에 인질로 조나라에 있는 안국군의 첩 하희의 아들 자초였다. 그런데 안국군의 정부인 '화양부인'에게는 아들이 없었다.

"나는 그대의 문(門)을 크게 해드리겠소, 나의 문은 그대가 커져야 커집니다."

시대의 흐름을 읽은 장사꾼 여불위는 사람에게 투자한 것이다.

"꼭 그대의 계획대로만 된다면 진나라를 그대와 함께 나누길 청합니다."

자초가 머리를 조아리며 여불위에게 말했다.

[장면 2] (여불위는 화양부인 언니를 통해 '화양부인'에게 자초의 소식을 전하고 아들이 없는 화양부인에게 자초를 후사로 삼을 수 있게 금과 물품을 주고 로비를 한다.)

"첩이 후궁이 되었지만 불행히도 아들이 없으니 자초를 후사로 첩의 몸을 맡기고자 합니다."

자초에게 호감을 가진 화양부인은 태자가 된 안국군이 한가한 틈을 놓치지 않고 자초를 후사로 삼겠다고 눈물로 부탁한다. 안국군은 이를 허락한다. 이로써 자초는 제후 사이에 명성이 높아졌다.

[장면 3] (자초가 여불위의 집에 와 술자리를 하다가 여불위의 여인을 보고 마음에 들어 그녀를 달라고 한다. 여불위는 은근히 화가 났으나, 투자의 끝이라 생각하고 그녀를 바쳤다. 헌데, 그 여인은 여불위의 아이를 임신한 상태였으나 사실을 숨겼다. 12달 뒤에 政정(후에 진시황)이 태어났고, 자초는 그 여인을 부인 삼았다.)

[장면 4] (진소왕이 죽자, 태자 안국군이 왕으로 즉위했다. 화양부인은 왕후가 되었고 자초는 태자가 되었다. 1년 만에 다시 왕이 죽었고 태자 자초가 뒤를 이어 즉위하니 이가 장양왕이다. 장양왕이 어머니로 모시던 화양부인은 화양태후가 되었고, 생모 하희는 하태후로 높아졌다.

이후 장양왕이 즉위 3년 만에 죽고, 태자 政정이 왕위로 즉위하니, 그가 후에 진시황이다. 여불위는 상국으로 높여졌다. 진왕이 어렸고 여불위는 수시로 하태후와 간통하였다. 시황제가 장년에 접어들자 여불위는 일이 들통 나서 화가 자신에 미칠까 두려워 노애라는 자를 구해서 하태후에게 보낸다.)

[장면 5] (진시황 7년 장양왕의 친어머니 하태후가 죽었다. 진시황 9년 하태후와 노애 사이에 아들이 있어 진시황이 죽으면 그 아들을 후계자로 삼자고 했다는 고발이 들어와 심문한 결과, 실체가 밝혀져 노애를 처단하고 그 일족을 없앴다. 이 사건에 여불위가 연루되었다는 것을 알아냈다. 진시황 10년 상국 여불위를 파면했다.)

[장면 6]

"그대가 무슨 공을 세웠길래 상국으로, 중보라 불리는가? 촉으로 옮겨 살도록 하라!"

여불위는 자신에게 서서히 밀려오는 압박감과 죽음에 대한 공포로 독주를 마시고 죽었다.

사마천의 말이 들린다.

"공자가 말한 '명성만 들리는 자'가 바로 여불위가 아니었겠는가?"

"巧言令色 鮮矣仁"

(말을 교묘하게 하고, 얼굴빛을 꾸미는 자 중에는 어진 사람이 드물다.)

"하희의 아들 자초,
저놈은 기이한 물건이니 사둘만 하다."

투자가 투기가 되어버린 왕의 남자

여불위(呂不韋)는 중국 춘추전국시대 말기의 성공한 장사꾼에서 성공한(?) 정치가로 변신한 인물입니다. 특히 진(秦)나라의 힘을 키우는 데 중요한 역할을 했습니다. 그의 기질과 행동을 통해 그의 성공과 실패를 이해할 수 있습니다.

여불위는 장사꾼 출신이나, 사업가처럼 기획력과 전략적 사고가 뛰어났습니다. 그는 당시 작은 왕국이었던 진나라를 강대국으로 만드는 데 큰 역할을 했습니다.

그는 진나라의 이세(二世)를 왕으로 만들기 위해 자신의 재산을 아낌없이 투자하는 사업가의 모습으로 큰 야망과 결단력을 보였습니다. 정치적으로 매우 재능이 있었으며, 자신을 진나라의 재상으로 만들어 권력을 쥐는 데 성공했습니다.

그러나 여불위는 권력에 대한 욕심이 지나쳐 결국 자신의 신변을 위험하게 만들었습니다. 그는 진시황이 성장한 후에도 권력을 놓지 않으려 했고, 이는 그를 위험에 빠뜨렸습니다. 지나치게 많은 적을 만들었으며, 이는 그의 정치 생명을 단축시키는 결과를 낳았습니다. 또한 이세와의 관계에서도 도덕적으로 논란이 있었습니다. 이세의 어머니와의 부적절한 관계 등으로 인해 비난을 받았습니다.

사마천의 『사기』에 따르면, 여불위는 『여씨춘추(呂氏春秋)』라는 책을 편찬하여 당시의 학문과 사상을 집대성하는 데 기여하는 등 뛰어난 정치가였으나, 그의 과도한 야망과 도덕적 결함이 결국 그의 몰락을 초래했습니다. 이러한 점에서 여불위는 성공과 실패를 모두 경험한 인물로, 그의 이야기는 권력의 속성과 정치적 위험성을 잘 보여줍니다.

교묘한 말(言)의 장례

"巧言令色, 鮮矣仁"

(교언령색 선의인)

선생님이 말하시기를.

"말을 교묘하게 하고 얼굴빛을 마음대로 부리는 자는 진정성이 없다."

『논어』에 "巧言令色, 鮮矣仁." 이 말이 세 번 나옵니다. 「학이」3장, 「공야장」 25장, 「양화」 17장에 모두 어질지 않은 사람이 소개됩니다. 그래서 사마천은 여불위를 지목한 것 같습니다. 인은 인격, 품성, 사랑입니다. 여불위가 자초를 위해 진정성이 있었다면 사람에 대한 투자로 그 ROI(Return On Investment, 투자 수익률)가 역대급이었을 것입니다. 그러나 아끼는 마음으로 시작하지 않은 투자는 결국 놀음이 되었고, 쓸쓸한 죽음으로 빛이 바랬습니다.

교언은 상대방의 마음을 움직이게 하여 나의 제안에 따르게 하는 것입니다.

　영색은 얼굴빛을 자기 마음대로 만들어 상대를 속이는 것입니다.

　그렇게 보니 장사꾼 여불위는 교언영색의 달인이었습니다.

『사기』 첫 열전인 「백이열전」에서 사마천은 이렇게 묻는 것 같습니다.

　"사업가(장사꾼)는 모두 여불위처럼 교언영색 하여야 할까?"

　좋은 사람은 인덕을 쌓고 착하게 행동했는데 고통받고, 도적은 날마다 무고한 사람의 재산을 빼앗고 포악한 짓을 제멋대로 저지르고도 잘 먹고 잘사는 이유는 무엇일까요?

　성(聖) 아우구스티누스는 악은 선의 부재라 했습니다. 선과 악은 독립적인 존재가 아니라고 하며 선이 아닌 돈 권력 명예 쾌락과 같은 부적절하고 실망스러운 목표를 추구하는 것을 선의 부재, 악이라고 합니다.

　積善之家 必有餘慶

　(적선지가 필유여경)

　積不善之家 必有餘殃

　(적불선지가 필유여앙)

선행을 쌓은 집안은 반드시 경사가 따르고,

악행을 쌓은 집안은 반드시 재앙이 따른다.

『주역』 곤괘의 첫 효에서도 선과 악은 이원적이 아닌 선의 부재가 악이라고 합니다. 아우구스티누스도 선행은 반드시 보답받아 신성한 존재가 되고, 선이 부재한 악한 자는 짐승처럼 된다고 했습니다. 그러니 사악한 자, 진정성이 없이 타인을 이용하는 자는 반드시 재앙을 받게 된다는 것입니다. 아리스토텔레스는 이원론적이 아닌 선과 불선(악)의 괘도에서 선하게 돈, 권력, 명예를 취득하여야 동기부여도 되고 행복하다고 덧붙입니다. 그러면 교언영색의 반대는 무엇일까요?

"子曰 剛毅木訥 近仁"

굳세고 꿋꿋하고, 투박하고 어눌함은 진정성 있는 모습과 가깝다.

강의(剛毅)는 꿋꿋함입니다. 우직하게 실천하는 사람을 말합니다. 가치를 세우고 흔들리지 않습니다. 묵눌(木訥)은 어눌함입니다. 이익을 감추면서 번지르르한 말은 하지 못하는 사람입니다. 행복으로 나아가는 무기는 똑같습니다. 어떻게 쓰느냐에 따라 선과 악이, 투자와 놀음이, 행복과 불행이 판가름 납니다. 일체유심조입니다. 그러려면 마음공부가 필수입니다.

영웅은 없으나 영웅으로 기억된다 : 형가

- 진시황을 노린 자객

"바람 소리 스산하고 역수는 차디찬데 장사는 한번 가면 다시는 돌아오지 못하리라."

형가는 진을 향해 출발했습니다. 수레에 올라 떠나면서 뒤를 돌아보지 않았습니다. 그를 보내는 사람들은 모두 눈을 부릅떴고 머리카락은 쭈뼛섰습니다.

춘추전국시대 말기 중국 역사의 주인공이자 역사의 괴물로 표현되는 최초의 황제 진시황은 중국인에게 하나의 중국이란 개념을 심어 넣어준 영웅이었습니다. 진시황이 새로운 중국, 하나의 중화란 새 질서를 수립해 갔다면 진(秦)나라에 차례로 멸망 당해가는 춘추전국의 열국들 입장에서는 형가는 또 한 명의 작은 영웅이었습니다.

"새어나지 않게 하라!"

"제가 말한 것이나 선생이 말한 것은 나라의 큰일입니다.
 선생께서는 새어나지 않도록 해 주십시오."

　진시황의 암살 계획을 상의하고는 태자 단은 의심을 감추지 못하고 전광 선생에게 경계의 말을 했다. 전광은 고개를 숙이고 웃으며 답했다. "알겠습니다."

　전광은 물러 나와 자객 형가에게 상황을 전하고 이렇게 말했다.

> "내가 듣건대 덕이 있는 사람은 행동하면서 다른 사람에게 의심을 품게
> 하지 않는다고 하였습니다. 태자 단은 나를 의심하고 '새어나지 않게 하
> 라'라고 하였습니다. 일을 행할 때는 남에게 의심을 사는 것은 절개 있
> 고 의협심 있는 행동이 아닙니다." 전광은 스스로 목을 찔러 죽었다.
> ─『사기』, 「자객열전」

자객은 혼자 가지 않는다 - 삶과 죽음이 같이 간다

한때 무모하게 떠돌던 자객, 그의 삶은 혼자만의 여정이 아니었다. 누군

가 자기를 알아주는 삶의 의미와 그림자처럼 따라다니는 은밀한 동반자인 죽음은 현실입니다. 그의 용기는 불꽃 같은 운명을 언제든지 뒤집을 수 있는 무시무시한 선택입니다.

자객은 삶과 죽음 사이에서 자신의 새로운 목적을 위해 나아갑니다. 단순한 죽음의 게임이 아니라 자신을 알아주고 인정해주는 사람을 위해 행동하는 존재가 되는 것입니다. 자객이 택한 길은 단순한 종말이 아니라 새로운 시작이 되고 그들의 삶에 깊은 의미를 부여합니다.

두 개의 죽음, 하나의 영웅

진나라에 도착한 형가는 천금이나 되는 예물로 몽가를 매수하여, 연나라 장수의 목과 독항의 지도를 바친다는 명분으로 진시황을 마주할 수 있게 됩니다. 진시황이 형가에게 말했습니다. "지도를 가져오라." 형가가 지도를 진나라 왕에게 바치니, 진나라 왕이 지도를 펼쳤습니다. 지도가 다 펼쳐지자 비수가 보였습니다. 그러자 형가는 왼손으로 진나라 왕의 옷소매를 붙잡고, 오른손으로는 비수를 쥐고 진나라 왕을 찔렀습니다. 그러나 미처 비수가 몸에 닿지 못했는데, 진나라 왕이 놀라서 몸을 당겨 일어서자, 소매만 잘렸습니다. 진나라 왕이 칼을 뽑으려고 했으나, 칼이 길어 뽑지 못하고 칼집만 잡고 있게 되었습니다. 형가가 다시 잡으려 하자 왕은 기둥을 돌며 달아났습니다. 군신들이 모두 놀랐으나, 졸지에 일어난 일이라 어찌할 바를 몰랐습니다. 전상(殿上)에서 왕을 모시는 군신들은 한 자, 한 치의 조그만 무기라도 몸에 지닐 수 없었으며, 여러 낭중(郎中)이 무기를 가지고 전하(殿下)에 늘어서 있었으나, 왕이 부르지 않을 때에는 전상으로 올라갈 수가 없었습니다. 이것이 법도였습니다. 무기가 없는 대신들은 급한 대로 맨손으로 형가를 내리쳤습니다. 시의(侍醫) 하무저(夏無且)는 받쳐 들고 있던 약주머니를 형가에게 던지기도 했습니다. 왕은 기둥을 돌며 달아나기만 할 뿐 황급해 어떻게 해야 할지를 모르자, 좌우에 있던 신하들이 말하기를 "왕께서는 칼을 등에 지십시오!"라 했습니다.

진왕이 칼을 등에 지고, 마침내 칼을 뽑아 형가를 쳐서, 그의 왼쪽 다리를 끊었습니다. 형가는 쓰러진 채 비수를 당기어 진나라 왕에게 던졌으나, 적중시키지 못하고 구리 기둥에 맞고 떨어졌습니다. 진나라 왕은 다시 형가를 쳐서 여덟 군데나 상처를 입혔습니다. 형가는 스스로 일이 실패했음을 알고 기둥에 기대어 웃으며, 양쪽 다리를 벌리고 앉아 꾸짖어 말했습니다.

"일이 실패한 까닭은 진나라 왕을 사로잡아 협박해, 반드시 약속을 받아내어 태자에게 보답하고자 했기 때문이다."

형가는 진(秦)왕을 암살하는 데 실패하고 그의 이야기는 비극적이고 안타까운 영웅적 전설이 되었습니다.

그러한 용기는 어디서 나오는 걸까?

목숨을 거는 행위, 자기 자신의 희생은 곧 타인을 위한 희생으로 이어지
며 우리에게 삶과 죽음에 대해 깊이 생각하게 하는 동기부여가 되기도 합
니다. 우리는 항상 죽음과 함께한다는 인간의 현실을 격려하기도 하기 때
문입니다.

소중한 이를 위한 희생, 소중한 사람을 위해 헌신하는 모습은 우리의 삶
에서 가치 있는 행동임을 상기시킵니다. 그의 망설임과 결단하는 모습을
통해 우리에게 인간성과 용기에 대한 깊은 고찰을 선사합니다. 그들의 삶
은 우리에게 새로운 시선을 열어주며, 어둠과 빛이 공존하는 현실을 담아
내고 있습니다.

자객의 행위는 노동일까?

자객은 어둠의 존재와 영웅으로서의 모습을 동시에 지닌 우리들의 주인
공으로 부상하기도 합니다. 죽음과의 불변의 만남에서 나타나는 이 모순된
성격은 우리에게 삶의 복잡성과 다면성을 상기시킵니다. 죽음의 그림자 아
래에서 용기를 내비치는 자객은 자신의 선택과 운명에 대한 책임을 강조하
여, 우리가 마주하는 인간적인 고민과 우리 자신을 발견하는 데 일조합니

다. 선택, 책임, 의미, 운명이란 단어들이 아우슈비츠 수용소 입구에 걸렸던 간판을 기억하게 합니다.

"노동이 너희를 자유롭게 하리라."

모든 삶은 불확실성과 위험 속에서도 의미와 가치를 찾아내는 인간의 용기를 노래하고자 합니다. 그리고 죽음과의 대면을 통해 우리는 삶의 의미를 심도 있게 이해하게 됩니다. 그렇다면 우리도 모두 우리 인생이란 두려움을 무너트리기 위한 자객이 아닐까요?

우리는 종종 자객이 되는 임무를 갖게 되지요.

죽음 앞에서 발분이 된 기록자 : 사마천
– 그대를 기다린 역사가

『사기』의 기록자는 사마천(司馬遷)입니다. 사마천은 53만여 글자를 죽간에 썼습니다. 총 130편으로, 본기(本紀) 12편, 세가(世家) 30편, 열전(列傳) 70편 그리고 표(表) 10편, 서(書) 8편으로 구성되어 있습니다. 죽간 하나에 20~30자를 썼다면, 죽간의 숫자는 대략 2만 개가 넘습니다. 사마천은 만약을 위해 복사본도 만들었습니다. 이 놀라운 에너지는 어디에서 나왔을까요?

사마천은 한무제 시대, 그러니까 기원전 2세기 사람입니다. 아버지 사마담은 한무제 때 태사령(太史令)으로 역사의 기록을 읽고 기록하는 관직에 있었습니다. 사마천은 어릴 때부터 고문을 읽고 암송했으며, 스무 살이 되었을 때는 아버지의 주선으로 천하를 여행할 수 있는 기회를 가졌습니다. 이 그랜드 투어는 후에 역사의 기록에 생생한 자료가 되었습니다.

한무제 때, 태산에 재단을 쌓고 하늘에 제사를 지내는 봉선 의식이 부활했습니다. 봉선 의식은 천자의 제사였습니다. 봉선 의식을 부활시킨다는 것은 한무제가 스스로 천자임을 선포하는 것으로 역사적인 행사였습니다. 그런데 무슨 이유에서인지 사마담은 봉선제 의식에 참여하지 못해 분통이 터졌습니다. 이로 인한 회한으로 사마담은 죽을 때 아들 사마천에게 역사의 기록을 유언했습니다.

"내가 죽은 뒤에 너는 반드시 태사가 되어야 한다."

사마담 사후 3년에 사마천은 아버지 사마담을 이어 태사령이 됩니다. 역사 저술에 큰 뜻을 품고 있었던 아버지 태사담으로부터 물려받은 다양하고 많은 역사 기록들은 고스란히 사마천의 품으로 들어왔습니다.

"주공(周公)이후 500년이 지나 공자가 춘추를 지었으니, 공자 이후 다시 500년이 지난 지금 또 누가 역사의 기록을 남겨야 하는데, 내 어찌 사양하겠는가?"

사마천에게는 역사의 길에서 커다란 사명감이 용솟음쳤습니다. 그런데, 집필을 시작한 지 7년 즈음 사고가 생겼습니다. 한나라의 북쪽에서 골치를 썩이던 흉노 정벌에 한무제가 총애하는 이부인(李夫人)의 오빠 대장군 이광리와 함께 이릉 장군이 참여하게 되었습니다.

이릉은 초기에는 적은 병력으로도 큰 전과를 올리는 듯했으나, 시간이 지나면서 열세에 빠졌습니다. 이릉의 부대는 대장군 이광리가 구원병을 보내주지 않아 크게 패했고, 그 과정에서 이릉은 흉노의 포로가 되었습니다. 이릉의 패전 소식에 조정은 분노한 한무제의 비위를 맞추고자 중신들은 한 목소리로 이릉을 성토했습니다. 이에 사마천은 팩트를 확인하는 것이 먼저라고 했다가 이릉을 엄호하고 황제에 대해 비판을 한 것으로 몰리게 되었습니다. 황제의 역린을 건드린 셈이 된 것이죠.

사마천은 황제를 무고한 반역죄로 즉각 체포되었습니다. 사마천 나이 47세, 그에게 내려진 판결은 무망죄(誣罔罪), 이것은 요참으로 처벌될 죄목이었습니다. 그가 죽음을 면할 수 있는 길은 두 가지, 하나는 50만 전 정도의 돈을 바치는 것과 또 다른 방법은 궁형을 자청하는 것이었습니다. 그에게는 50만 전 정도의 돈을 바칠 재력도, 그것을 내줄 만한 친구도 없었습니다. 그렇다면 사형을 면하는 길은 오직 궁형을 감수하는 것뿐이었습니다.

'이릉의 화'를 겪은 사마천은 "물러나와 깊이 생각했다(退而深惟)."
─「태사공자서」

사마천은 고뇌에 빠집니다. 친구 임안에게 보내는 편지에 밝혔듯이 사마천은 고통에 몸을 맡기고, 고통에 함몰되는 것이 아니라 괴롭고 고단한 처지를 '글'로 이겨내려고 한 인물들을 통해 자신의 고통을 직시하고, 눈물을 쏟음으로써 마음의 정화를 경험하며, 생각을 전환함으로써 '미래'에 대한 기대를 버리지 않게 되었던 것으로 보입니다.

"하늘과 인간의 경계를 궁구하고 고금의 변화에 통달하여, 일가의 말을 이루고자 했습니다. 그런데 초고가 끝나기도 전에, 이러한 화를 당하게 되었으니, 이 일을 끝내 이루지 못한 것을 애석하게 여겨 극형을 받으면서도 분노의 기색을 보이지 않았던 것입니다. 이 책을 완성하여 명산에 감추어 두었다가 내 뜻을 알아주는 사람에게 전해져 이 마을과 저 고을로 전해질 수 있다면, 이는 제가 지난날 받았던 오욕에 대한 보상이 될 것이니, 비록 주륙을 당한다 하더라도 어찌 후회함이 있겠습니까!"
亦欲以究天人之際, 通古今之變, 成一家之言. 草創未就, 會遭此禍, 惜其不成, 是以就極刑而無慍色. 僕誠以著此書, 藏諸名山, 傳之其人, 通邑大都, 則僕償 前辱之責, 雖萬被戮, 豈有悔哉!
－「보임안서」

"내가 법에 따라 사형을 당해도, 한낱 아홉 마리 소중에서 털 한 가닥 빠지는 것일 뿐."

구우일모(九牛一毛)라는 고사성어는 임안에게 보내는 편지에서 그 마음을 토해낸 데서 유래되었습니다.

회피에서 대면으로, 고통에서 치유가 된 글쓰기

사마천은 자신의 글쓰기를 발분(發憤)의 결과라고 말합니다. 마음속에 울분이 맺혀 있으되 그 울분을 풀어낼 기제로 글쓰기를 선택한 것입니다.

"옛날 주나라 문왕은 유리에 억류되어 있었기에 『주역』을 부연해서 풀이할 수 있었고, 공자는 진과 채 땅에서 액난을 겪고 나서야 『춘추』를 지었습니다. 또 굴원은 추방된 이후에 『이소』를 지었으며, 좌구명은 눈이 멀게 된 뒤 『국어』를 편찬하였고, 손빈은 다리가 잘리고 나서 병법 책을 편찬해 내었습니다."

사마천은 말합니다. '글쓰기란 글을 쓰지 않을 수 없는 나의 존재의 조건을 지각하는 데서 시작하고, 마침내 글이 완성됨으로써 나의 존재를 잃어버리는 데서 끝이 나는 작업'이라고 말입니다.

그러면서 "그대를 기다린다(傳之其人)"고 했습니다.

죽는 것보다 죽음에 처하는 것이 어렵다

知死必勇 非死者難也 處死者難

자신이 죽을 것이라는 것을 알면 반드시 용기가 솟아나게 된다. 이는
죽는 것 자체가 어려운 것이 아니라, 죽음에 처하는 것이 어려운 것이
기 때문이다.

－『사기』, 「염파인상여열전」

죽음을 아는 용기

사지(死地)에서 칼 한 번 쓰지 않고 담판을 지은 화씨벽의 주인공 인상여의
용기를 사마천은 '죽음을 아는 자의 용기(知死必勇)'라고 했습니다. 약소국의
일개 무명 사신으로서 적국(敵國)의 군신들로 둘러싸였을 때 인상여의 심정
은 이러했을 것입니다.

"죽기밖에 더하겠냐(勢不過誅)!"

백이 숙제는 권력을 탐내지 않고 수양산에 들어가서 굶어 죽었습니다. 권력을 탐내지 않았다는 점에서 그들은 의롭다고 할 수 있습니다. 그러나 수양산에 들어가 고사리를 캐 먹으며 그들은 과연 세상을 원망하는 마음이 없었을까요? 사마천은 「채미가(采薇歌)」를 전하면서 "하늘의 이치는 사사로움이 없어 늘 착한 사람과 함께 하는가? 그들을 과연 의롭다고 할 수 있을까?" 하는 질문을 던집니다. 후대 사상가들은 백이 숙제의 죽음을 여러 프레임으로 각인합니다. 죽음의 의미도 시대의 배경에 따라 달라지고 있습니다.

어떻게 살 것인가?
그것은 곧 '어떻게 죽을 것인가?' 하는 문제와 닿아 있다

사마천은 백이 숙제를 의롭다고 할 수도 있고, 그렇지 않다고도 할 수 있는 지점을 포착함으로써 복잡한 상황을 하나의 단순한 답으로 하지 않고 상황 자체가 새로운 질문이 되도록 했습니다. 이 '질문의 자리'가 바로 '죽을 자리(處死者)'라면? 나에게 주어진 상황에 대한 이런저런 판단 이전에 그 상황과 직면할 용기! 이 용기에서 주어진 상황을 넘어설 힘이 나온다고 사마천은 말합니다.

"죽을 자리(死地)에 서라! 그래야 살 방도가 나온다."

이 말은 한신(韓信)이 조나라와의 전투에서 쓴 '배수진(背水陣)'이라는 병법에서 나온 말입니다. "죽을 곳에 빠진 뒤에야 살게 할 수 있고, 망할 곳에 있어야 생존하게 할 수 있다."

당시만 해도 물을 등지고 싸우는 것은 최악의 전술이었습니다. 그런데 한신은 그렇게 '달아날 곳이 없어야' 병사들이 죽을힘을 다해 싸우고, 그래야 싸움에서 이길 수 있다고 판단했습니다. 다른 장수들이 모두 비웃은 이 전술로 한신은 3만의 병사로 30만의 적을 이겨버립니다.

죽음을 올바른 방향으로 사용해야 한다

「자객열전(刺客列傳)」에 나오는 인물 '섭정(政)'은 개백정입니다. 어느 날 엄중자(嚴仲子)라는 사람이 천 리 길도 멀다 않고 섭정을 찾아왔습니다. 귀한 예물까지 들고 있었습니다. 한(韓)나라 재상 협루(俠累)에게 원수를 갚아달라고 합니다. 섭정은 감동합니다. '나를 찾아와 주는 사람이 있다니! 나에게 예우를 다하여 부탁을 하는 사람이 있다니!' 그는 자신을 알아준 사람, 엄중자를 위해 협루를 죽이고 그에게 누(累)가 될까 "스스로 자신의 얼굴 가죽을 벗기고, 눈을 도려냈으며, 자신의 배를 갈라 창자를 긁어내고" 죽습니다. 섭정은 죽었으되 살아 있습니다.

살아 있으되 죽은 사람이 얼마나 많습니까. 남의 뜻에 따라 마지못해 사는 삶은 살아 있지만, 죽어 있는 삶이겠지요. 그렇지 않고 '뜻을 얻은' 삶, 자신의 뜻에 따라 사는 삶은 죽음을 불사합니다.

필부의 죽음

'힘은 산을 뽑고 기세는 하늘을 덮는다(力拔山氣蓋世)'는 항우는 정말 힘이 셌지만, 소규모의 동네 싸움이 아니라 천하의 패권을 다투는 전쟁에서는 혼자 힘만 가지고 안 됩니다. 다른 사람과 함께 싸울 수 있어야 하고, 그 사람들이 각자의 재능과 능력을 다할 수 있도록 해주는 것이 진정한 장수의 능력입니다. 항우에게는 사람을 알아보는 능력, 그 사람을 믿고 일을 맡기는 리더십이 부족했습니다. 천자의 능력은 뭔가를 잘하고 힘이 세고 그런 것이 아닙니다. 혼자 '잘'할 수 있는 능력이 아니라 '같이'할 수 있는 능력, 이것이 진정한 천자의 능력입니다. 그릇이 작은 항우의 용기를 '필부의 용기(匹夫之勇)'라 부르는 이유입니다.

> "항왕의 사람됨을 말씀드려보겠습니다. 항왕이 성내어 큰소리로 꾸짖
> 으면 천 사람이 모두 엎드리지만, 어진 장수를 믿고서 병권을 맡기지
> 못하니 이는 필부의 용기일 따름입니다.
> ─「회음후열전(淮陰侯列傳)」

매 순간을 살아야 모든 삶을 산다

우리가 살아 있는 순간이란 온전히 삶에 속할 때도, 죽음 편으로 훌쩍 넘어가 버릴 때도 아닙니다. 우리가 온전히 살아 있는 순간이란 삶과 죽음의 경계에서 자신의 한계와 오롯이 직면하는 순간의 생생한 체험, 나의 경계를 넘어 더 큰 생명의 흐름과 접속하는 순간의 생생불식(生生不息)하는 마음의 역동성입니다.

사마천은 이 도도한 흐름을 '역사'라고 보았으며, 이 생생불식하는 마음의 역동성을 『사기』의 다양한 인물들의 삶을 통해 구현하고 있습니다. 이들의 삶을 통해 우리는 무엇이 옳고 그르고, 무엇이 좋고 나쁜가에 대한 분명한 답을 얻기보다 기존에 우리가 갖고 있던 많은 선악시비의 분별들에서 벗어나 그것들이 만들어진 상황을 새로운 하나의 질문으로 받아들이게 됩니다. 어떤 죽음이 올바른 삶의 방향일까요?

내가 온전히 나 자신의 삶을 살 때, 온 힘을 다해 자신의 한계를 밀고 나갈 때, 그래서 이전의 나와 지금의 내가 달라져서 매 순간 새로운 삶을 살아갈 때, 이때 비로소 나는 삶에 위계와 서열을 정하는 세상의 지배적 표상에서 벗어나 자유롭게 살 수 있습니다.

맹지반과 소크라테스

孟之反不伐. 奔而殿, 將入門, 策其馬曰: '非敢後也, 馬不進也.'
"맹지반은 자랑을 하지 않는다. 전쟁에 패배하여 후퇴하면서 위험을 무릅쓰고 행렬의 맨 뒤에서 행렬을 보호하고 행군을 독려하다가 막 성문에 들어서려고 할 때에야 그의 말에 채찍질을 하면서 '내가 감히 뒤처지려고 해서 그런 것이 아니라 말이 나아가지 않았기 때문이다.'라고 말했다."
– 『논어』, 「옹야편」

소크라테스도 필로폰네소스 전쟁 중에 델리움 전투에서 패배하여 후퇴할 때 다른 전우들을 먼저 세우고 독려하면서 가장 뒤에서 적진을 빠져나왔다. 참지식을 가진 자는 알고 있는 것을 행동으로 의식하지 않아도 자연스럽다.

我有三寶, 持而保之 : 一曰慈, 二曰儉, 三曰不敢 天下先.

慈故能勇, 儉故能廣, 不敢爲天下先.

세 가지 보물(삼보, 三寶)에 대해 이야기합니다: 자(慈, 자비), 검(儉, 검소),

그리고 불감위천하선(不敢爲天下先, 세상에 나서지 않으려는 겸양)입니다.

"자비로 인해 용감할 수 있고, 검소함으로 인해 넉넉해지며,

겸양으로 인해 지도자가 될 수 있다."

－『노자』 67장

자비심을 가진 맹지반과 소크라테스의 용기를 새겨봅니다.

의미 앞에 선 용기

혁신적 리더인 그대에게 질문합니다

1. 혁신의 길에 서 있는 두려움을 극복하기 위해 그대가
   가지고 있는 자원과 강점은 무엇인가요?

2. 지금 용기를 내어 두려움을 극복한다면, 미래의 나는
   나에게 어떤 말을 해줄까요?

3. 과거에 두려움을 극복하고 성공했던 경험은 무엇인가요?

4. 그대가 맞이할 수 있는 최악의 시나리오는 무엇이고,
   그것을 감당할 수 있는 방법은 무엇인가요?

5. 그대가 용기가 필요할 때 한 사람을 만나야 한다면,
   그는 누구인가요?

剛毅木訥 近仁

굳세고 꿋꿋하고, 투박하고 어눌함은 진정성 있는 모습과 가깝다.

2부

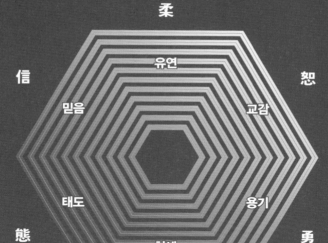

柔
유연

恕
교감

勇
용기

處
처세

態
태도

信
믿음

조력자를 만나다

———

1장

2인자

___

: 자신이 있는 자리를 알아라

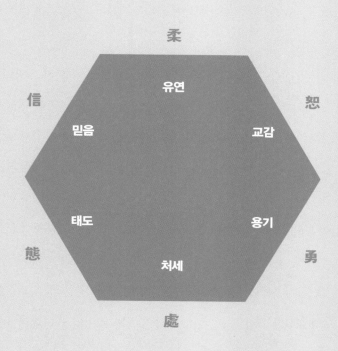

2인자의 자리

2인자는
두 번째 자리에 있는 사람이다.
진시황의 승상 이사, 장군 왕전
오자서, 여불위가 있다.

2인자는 두 번째 자리에 있다.
일인자를 보필해 역사를 만든다.
때로는 일인자의 자리를 좌지우지한다.
그래서 2인자는 위험한 자리이다.

隨處作主 立處皆眞의 자세로 산다.
자기 자리를 인지하고 수용해야 한다.

자리에 진실하지 못하면 위험하다.

생쥐가 된 '캡틴 진(秦)' : 이사

[장면 1] (은은히 깊은 목소리가 저녁노을처럼 들린다.)

"사물이 지나치게 강성해지는 것을 경계하여야 한다."

(승상 이사는 안채에 누워 있다가 불현듯 스승 순경(荀子)의 목소리를 듣고 소스라치게 놀란다.)

이사의 머리에 지난 세월이 바람처럼 스친다. 곳간의 쥐와 화장실의 쥐를 보고, "사람의 잘나고 못난 것이 쥐와 같으니, 그것은 스스로 처한 바에 달렸을 뿐이로다."라고 탄식하고는 스승 곁을 떠나 기회의 땅 진나라로 가서 진시황을 도와 최초의 통일 국가를 이루었다. '간축객서'로 위기를 모면하고, 탁월한 국제 정세를 읽는 능력으로 합종을 깨서 6국을 섬멸하는 데 공을 세운다. 모든 부귀영화가 이사의 손에 있었고, 이것이 꿈인가 하는데, 스승 순경의 목소리가 들린 것이다. 그러나 이제는 극에 달한 부귀를 멈출 수 없다는 것을 스스로 읊조린다.

"이제 여기서 멈출 수 없다."

[장면 2]

"태자를 정하는 일은 당신과 제 입에 달려 있소. 어떻게 하시겠소?"

환관 조고는 진시황이 천하를 돌아보는 길에서 객사하자 첫째 아들 '부소'를 황제로 올리라는 조서를 받고도 자기에게 유리한 둘째 '호해'를 올리고자 한다. 승상인 이사의 협조가 없으면 안 될 일이기에 조고는 거부하는 이사에게 지위와 명예를 약속하는 간악한 손을 내밀고 밀약을 요구한다. 조고가 말했다.

"위와 아래가 마음을 합치면 오래도록 영화를 누릴 수 있으며 안과 밖이 하나가 되면 일의 겉과 속이 없어집니다."

결국 이사는 조고의 의견을 따랐으나, 모든 권력은 조고의 손아귀로 들어가 2세 황제의 눈과 귀를 막는다. 이러한 상황에서 올바른 길을 간하려는 이사가 조고에게는 눈엣가시였다. 이에 조고는 이사를 함정에 몰아 함양의 시장 바닥에서 허리를 자르도록 하였다.

[장면 3]

보기 드문 광풍이 저잣거리에 흙먼지를 일으킨다. 중국 최초의 통일을 이루었던 진시황의 파트너 '캡틴 진나라' 이사가 쥐새끼가 되어 형장으로 끌려가면서 같이 죽게 될 아들을 바라보며 한숨을 쉬었다.

"아들아, 우리가 고향에 살면서 누렁이를 끌고 토끼나 잡았다면, 얼마나 즐거운 시간이 되었으랴."

(저 멀리서 태사공의 목소리가 가을 그림자처럼 들린다.)

"이사는 시황제를 도와 마침내 진나라의 제업을 이루었으나, 조고의 간사한 의견을 따라 적자를 폐하고 첩의 자식을 제위에 오르게 했다. 제후들이 이미 뒤돌아선 후에야 비로소 군주에게 충고하려 했으니 때가 너무 늦었구나! 그렇지 않았더라면 이사의 공은 주공과 소공과 어깨를 겨룰 만하였을 것이다."

"저는 때를 얻으면
꾸물대지 말라는 말을 들었습니다."
- 스승 '순자'를 뿌리치고 떠나다.

그의 선택으로 만들어진 역사

이사는 초나라 상채 출신으로, 젊은 시절 법가 사상가인 순자 밑에서 공부했습니다. 그는 자신의 능력을 발휘하기 위해 순자에게 작별 인사를 하고 진나라로 갑니다.

"저는 때를 얻으면 꾸물대지 말라는 말을 들었습니다.

지금은 제후들이 모두 서로 세력을 다투고 있는 때여서

바야흐로 유세가의 시대가 온 것입니다."

진나라의 왕(후에 진시황제)에게 발탁되어 중요한 위치에 오르게 됩니다. 그러나 한나라 정국이란 사람이 와서 진나라를 교란시킨 음모가 발탁되자 조정 대신 모두가 빈객을 내쫓으려 했습니다. 잘 나가던 이사도 논의의 대상이 되자 후에 명문으로 평가받는 장문의 '간축객서(외부에서 널리 인재를 등용하여 부국강병에 운용해야 한다)'를 올려 진시황을 설득하고, 이사의 관직은 회복되었고 그로부터 20년 후 진나라는 천하를 통일하고, 이사는 승상이 되었습니다.

통일왕조 진나라 승상이 된 이사는 중앙집권적 통치 체제를 강화하여 지방 분권을 억제하고 중앙 정부의 권한을 강화하는 여러 개혁을 추진했습니다. 또한 이사는 화폐, 도량형, 문자 등을 표준화하여 진나라가 중국을 통일한 후에도 안정적으로 통치할 수 있도록 했습니다. 이는 중국 역사에서도 중요한 업적이었으며, 경제적·문화적 통일성을 확보하는 데 기여했습니다. 이렇게 최고의 자리에 오르자, 문득 "사물이 지나치게 강성해지는 것을 경계하라"는 스승 순자의 말이 떠올랐으나, 멈추지 못했습니다.

　시황제 37년, 진시황이 세상을 순수하던 중 병으로 죽자, 후계자의 권력 투쟁에 환관 조고의 계략에 휘말리면서 이사의 위치는 벼랑 끝으로 몰렸고, 결국 그는 권력 다툼에서 희생물로 허리를 자르는 거열형으로 생을 마감했습니다. 태사공 서에는 "세상 사람들 모두 이사가 충성을 다했는데도 오형을 받고 죽었다고 하지만, 이사가 행한 근본을 따져보면 세속의 말과는 다르다." 하며 스스로 받은 결과라고 따끔하게 한마디 합니다.

가지 않는 길과 가서 만든 길

"세상의 모든 길은 처음엔 다 길이 아니었다."

루쉰의 소설 「고향」(1921년)에 이 길에 "다니는 사람이 많다 보면 거기가 곧 길이 되는 것"이라 말합니다. 가지 않은 길은 누구도 길을 가르쳐 주지 않습니다. 가고 나면 발자국이 남을 뿐입니다. 시인 프로스트는 말합니다.

"나는 사람들이 덜 지난 길을 택하였고
그로 인해 모든 것이 달라졌노라."

두 갈래에서의 선택 후, 스스로 자신이 선택한 길에 서 있음을 확인합니다. 선택은 고뇌와 성찰을 요구하기 때문에 옛 선각자의 지혜와 선택의 결단을 제시하는 잠언들이 많이 있습니다.

프로스트가 말하듯 '모든 것이 달라지기' 때문입니다. 장자는 「제물론」에서 원인과 결과에 얽매이지 않게 마음의 빗장을 풀어버리면 길이 된다고 합니다. 사물은 그렇게 일컬어지기에. 그렇게 되기에.

"길은 걸어감으로써 비로소 만들어진다.(道行之而成)"

'걷지 않으면 길은 만들어지지 않는다.' 길은 다녀서 생기고 사물도 그렇게 불러서 이름이 된 것이니 흐름을 거스리지 않고 걸으면 길이 되는 것이라 하는 겁니다. 『주역』은 상(象)으로 길을 걸어가게 합니다. 곤괘는 대지를 표상하며, 땅이 모든 것을 수용하고 포용하는 성질을 본받아 선택한 이후 그 결과를 받아들이고 그에 맞추어 살라고 합니다. 시인 프로스트가 선택한 길을 연상하게 합니다. 그러나 『주역』은 선택의 순간에 대한 상황을 다루어 수용하고 포용하기 전의 행동 지침을 제시하기도 합니다. 바로 리(離)괘입니다. 이 괘는 선택의 순간과 나아가는 자세를 제시합니다.

"첫걸음이 얽혀 꼬인다. 조심스럽게 차분하게 나아가야 한다. 주변이 격렬한 불꽃이 타올라도 스스로는 그것을 제어하고 유순함의 기조를 유지하여 휩쓸리지 말고 겸손하게 대응하여야 한다."

선택의 앞에 서서 심사숙고하라고 합니다.

1. 선택의 속도를 고려하고

2. 이후 일어나는 상황을 예측해보고

3. 발생할 수 있는 위험은 무엇이고 대안은 있는지

사려 깊게 생각하라고 지혜는 말합니다.

선택은 타이밍이라고 하기도 합니다. 지금 마주한 세상은 어떻게 변화하고 있는지? 변하고 있는 것의 본질은 무엇인지? 지금이 그 길에 발을 내딛을 시간인지? 출발점에 서서 나는 지금 무엇을 원하고 있는지를 스스로 물어보라고 합니다. 그러면 후회하지 않는 길을 걸을 수 있다고 합니다.

우리는 가지 않는 길 앞에서 혹은 가서 만든 길 위에서 오늘도 서 있습니다.

의연하게 알아차린 노마의 지혜 : 강태공
– 무왕을 도와 주나라를 세우다

무왕은 상나라를 평정하고 천하의 왕이 되었고, 사상보(강태공)를 주나라 수도와 먼 제(齊)의 영구(營丘)에 봉했습니다. (사상보가) 동쪽 봉국으로 가던 중 길에서 머뭇거리며 묵느라 행차가 더뎠습니다. 강태공의 마음속에도 사람이기에 중앙의 핵심에서 멀어지는 것에 서운한 마음이 있었습니다.

강태공의 머뭇거리는 마음

여관 주인이 강태공의 머뭇거리는 모습을 보고 "제가 듣기에 얻기는 어려워도 잃기는 쉽다고 했습니다. 손님의 몸으로 잠을 매우 편안하게 자니 마치 봉지에 부임하러 가는 사람의 자세가 아닙니다."라고 했다. 태공이 이 말을 듣고는 불현듯 깨닫고, 밤중에 옷을 입고 나서 날이 밝을 무렵 봉국에 이르렀다(夜衣而行). – 권32 「제태공세가」

태공망(太公望) 여상(呂尙)은 동쪽 바닷가 동해 사람입니다. 그 선조는 일찍이 사악(四嶽)으로 우(禹)를 도와 물과 땅을 정리하는 데 큰 공을 세워, 여(呂)와 신(申) 땅에 봉해지기도 했고 성을 강씨(姜氏)라 했습니다. 하와 상 때는 신과 여 땅에 방계 자손이 봉해지기도 하고 평민이 되기도 했는데 태공망 여상은 그 후예였습니다.

그는 70의 나이에 은나라를 무너트린 주나라의 문왕과 무왕의 사(師)가 되었습니다. 주 서백 창(昌)은 유리에서 벗어나 돌아와서는 여상과 은밀히 모의하여 덕을 닦아 상 정권을 무너뜨렸으니 그 일에 용병술과 기이한 계책이 많이 쓰였습니다. 그가 최초의 '병법 육도(六韜)'를 지은 강태공(姜太公)입니다. 이후 그는 문왕과 무왕을 도와 은나라를 멸하고 周나라를 창업하는 데 功을 세웁니다. 그래서 후세에 '용병'과 '주의 은밀한 권모' 하면 모두 태공을 원조로 받들었다. 강태공의 육도삼략이 그것입니다.

세상의 뜻을 낚고 있습니다

"낚시를 즐기고 계십니까? 무엇을 낚고 계신가요?"

서백(周 문왕)은 미수 강가에서 낚시를 드리운 한 노인(여상)에게 무엇을 낚시하는지 물어봅니다. 낚시 바늘 없이 낚시대를 드리고 있던 여상은 서백에게 세상의 뜻을 낚고 있다고 합니다.

"낚시만을 즐기는 것은 범인의 일이지요. 현자는 뜻을 얻기 위해 낚시를 한답니다."

"그럼 노인장은 낚시에서 어떤 뜻을 얻고 계신지요?"

미끼로 고기를 낚는 것은 보수를 주어 인재를 얻는 것과 같지요. 가는 낚시 줄과 가는 미끼로는 잔챙이들이 낚을 것이고, 대어를 낚으려면 낚시 줄과 대와 미끼가 그에 맞아야 합니다. 물고기가 일단 미끼(먹이)를 물면 낚시에 걸리는 것처럼, 사람이 보수를 받게 되면. 사람은 그 주인에게 복종하게 되는 것과 같은 이치가 아니겠습니까? 또한 물이 더러우면 물고기가 가버리는 것과 같이 주인이 어지러우면 인재 역시 다른 곳으로 가버리게 되지요. 낚시는 작은 일 같지만 천하의 일까지 엿볼 수 있는 것입니다.

"그렇군요. 그러면 어떻게 천하 만인의 인심(마음)을 얻을 수 있습니까?"

천하는 주인(군주) 한 사람의 것이 아니라 천하(세상) 사람의 것입니다. 천하 백성과 이익을 함께하는 자는 천하를 얻고, 천하를 홀로 가지려는 자는 천하 사람들에게 버림받을 것입니다. 천하에는 만물을 운행하는 때가 있고 땅은 만물을 낳아 기르니 여기에 사람이 어우러지는 것이 仁입니다. 또한 세상 살아가는 데 사람을 안전(물리적, 심리적)하게 하고 위급함에서 도와주는 것이 德입니다. 모두가 함께 즐거워하고 좋아하며 싫어하는 것을 공감하는 것을 義라 할 것입니다. 인과 덕, 의로써 진실한 일을 이루는 것을 道(WAY)라 하니 천하는 道로 귀속되는 것이 이치입니다.

그가 최초의 '병법 육도(六韜)'를 지은 강태공(姜太公)입니다. 이후 그는 문왕과 무왕을 도와 은나라를 멸하고 周나라를 창업하는데 功을 세웁니다. 또한 주나라의 정치를 쇄신하여 온 천하의 낡은 것을 없애고 새로운 것으로 일신시켰습니다. 이러한 일들은 대부분이 사상보의 계책에 따른 것입니다. 이로써 무왕은 상나라를 평정하고 천하의 제왕(帝王)이 되었다고 생각하여 사상보를 제(齊) 땅의 영구(營丘)에 봉했습니다.

태공이 봉지에 부임하여 정치를 일신하고 당지의 습속을 따르고 예절을 간편하게 하였습니다. 이어서 상업과 공업을 일으켜 바닷가에서 나는 해산물과 소금으로 이익을 취하자 수많은 백성들이 제나라에 귀순하였습니다. 이로써 제나라는 동방의 강국이 되었습니다. 주무왕이 죽고 뒤를 이은 성왕(周成王)이 아직 나이가 어렸음으로 관숙(管叔)과 채숙(蔡叔)이 란을 일으켰습니다. 그러자 회(淮)와 이(夷)도 주나라에 반기를 들었다. 주공이 소강공(召康公)을 시켜 태공에게 천자(天子)의 명을 전하게 했습니다. 이로써 제나라는 주변의 땅을 정벌하여 대국이 되었습니다. 제나라는 그 도읍을 영구에 두었습니다. 강태공(姜太公)은 나이를 백 세를 넘기고 죽었습니다.

강태공의 육도를 근간으로 하는 기업경영 Tip

1. 사업계획: 산업 환경을 파악하여 회사의 라이프사이클에 따른 지속성장경
   영의 로드맵과 디테일한 전략과 전술을 담아낸다.

2. 현재 경영상 주요한 이슈를 발견하고 그 대안을 마련하고 실행한다.

3. 인재를 모아 등용하고, 육성에 초점을 맞춘 성과평가시스템을 만들어 운
   용한다.

창조적인 찌질함의 지혜 : 왕전

– 진의 마지막 승리를 안기다

왕전은 전국 시대 말기 진(秦)나라 빈양(頻陽) 사람으로 진시황(秦始皇)에 의해 발탁되었습니다. 병사들과 동거동식(同居同食)하며 사기를 올렸고, 조(趙)나라와 연(燕)나라를 연달아 멸망시켰습니다. 한나라, 조나라, 위나라를 차례로 이기며 진나라는 중원의 노른자위를 모조리 차지했습니다. 중원을 호령하게 된 진나라의 다음 타깃은 연나라였습니다. 그런데 배후의 초나라가 여전히 근심덩이였죠. 진나라는 아예 화근의 싹을 없애기 위해 강대국 초나라와 먼저 전쟁을 치를 것을 결심합니다. 진왕 정(훗날 진시황)은 만조백관을 불러놓고 초나라 전략을 고심하며 물었습니다.

"초나라를 멸망시키기 위해서는 어느 정도의 군사력이 필요한가?"

명망 높은 노장 왕전은 60만 대군은 족히 필요할 것이라고 했고, 젊은 장군 이신은 20만이면 된다고 답했습니다. 진왕 정은 젊은 장수의 패기가 마음에 들었습니다.

이신의 실패

"좋다, 이신. 그대에게 20만을 주겠노라. 가서 초나라를 멸망시켜 내게 바쳐라."

이신은 호기롭게 20만 병력을 몰고 초나라로 향했습니다. 당시 초나라 총사령관은 항연. 『초한지』의 영웅 항우의 할아버지입니다. 항 씨 집안은 대대로 초나라 사람들로부터 추앙을 받아오던 장군가였습니다. 최대의 국난을 맞은 초나라 백성들은 항연 장군의 지휘 아래 똘똘 뭉쳐서 진나라 침략군에 대항했습니다. 쉽게 이기리라 생각했던 이신은 초나라와의 전투에서 대패했습니다. 얼굴을 들 수 없었던 이신은 진왕에게 편지만을 보내 패전을 알렸습니다.

전쟁터로 나가면서 징징대며 전답을 요구한 이유는

진왕 정은 60만 대군이 필요하다고 했던 노장 왕전을 불러 60만 대군을 내어주며 출정을 명령했습니다. 진나라 병력 전부가 왕전의 지휘 아래로 들어갔습니다. 그런데, 전쟁터로 나가는 왕전이 진왕 정에게 부탁을 합니다. "신이 전투에서 이기고 돌아온 후에 이 늙은 몸을 쉴 수 있도록 넓은 전답과 영지를 내려 주소서."

"이기고만 돌아오라. 내 무엇인들 아니 주겠는가?"

왕전의 내심

왕전은 출정하기 직전까지도 끊임없이 왕에게 전답을 달라고 졸라댔습니다. 진왕 정은 도장 꽝 찍은 문서까지 써주면서 왕전의 부탁을 받아들였습니다. 60만 대군을 이끌고 초나라군과 대치하는 상황, 왕전은 전선에서도 여러 차례 글을 올려 전답을 요구했습니다. 보다 못한 부하가 "장군님, 좀 지나친 것이 아닙니까?"라고 하자 왕전은 이렇게 대답했습니다.

"진왕은 의심이 많은 사람이요. 내가 60만 대군을 이끌고 나왔기 때문에 내가 모반을 하지 않을까 불안해할 게 틀림없소. 내가 땅이나 저택에 관심이 있는 것처럼 보여, 다른 뜻은 추호도 없다는 것을 왕께 보여 주어 진왕의 의심을 불식하려는 것이요."

부하 장수들은 왕전의 식견에 감탄해 마지않았습니다. 왕전은 초나라와의 전쟁이 지구전이 될 것임을 잘 알고 있었고, 왕이 불안해하지 않도록 최선을 다한 것입니다.

짜라투스트라는 왕전에게 이렇게 말했다.

"운명을 넘어서 창조할 수 있는 존재자로"

니체는 인간에게 필연적으로 다가오는 운명을 감수하는 것으로 그치는 것이 아니라, 오히려 긍정하고 자신의 것으로 만들라고 했습니다. 자신의 의지와 창조력으로 운명을 극복하고자 한 것이죠.

"그래. 올 테면 와 봐라, 나의 운명이여!
나는 나의 고통과 나의 실패를 사랑하겠다."
ㅡ『차라투스트라는 이렇게 말했다』

왕전이 토사구팽을 염려하면서 현재의 운명을 수용하고, 닥칠 불확실성과 현실을 판단하고 대비하려는 의지와 '어눌함'이라는 창조적인 용기로 극복하여 운명을 자신의 것으로 만들어 생명을 보존하고 가치를 만들어 낸 것이 찌질함의 의미라 할 수 있습니다. 전장에 나가면서도 왕전은 몇 번이고 진왕에게 구차하리만치 조아렸습니다.

"신이 전투에서 이기고 돌아온 후에 이 늙은 몸을 쉴 수 있도록
넓은 전답과 영지를 내려 주소서."

그러면서 내심으로는 이렇게 말했을 것입니다.

"그래 올 테면 와 봐라. 나의 불확실한 운명이여. 나는 나를 버리는 용기로 극복하겠다."

기습으로 초나라를 이기다

한편 초나라는 지난번 승리에 고무되어 사기가 하늘을 찔렀습니다. 초나라군이 진나라군 진영 앞에 나가 온갖 조롱을 하며 싸움을 부추겼지만 진나라군은 꿈쩍도 하지 않았습니다. 베테랑 장수 항연은 왕전의 작전을 눈치 챘습니다.

"적장의 의도를 알았다. 우리로 하여금 지치게 해 방심하게 만든 뒤 기습하려는 것이다."

항연은 왕전의 작전을 역이용하기로 합니다. 동쪽으로 후퇴해서 진나라군의 보급선을 길게 늘려 군량 수송에 애를 먹게 할 참이었습니다. 초나라군대는 조심스럽게 후퇴를 하며 진나라 군대의 기습을 경계했습니다. 그러나 진나라군 진영에서는 미동도 없었죠. 30리 두 번, 100리 한 번을 후퇴해도 진나라 군대가 쫓아오지 않았습니다. 이에 항연이 마음을 놓는 순간, 절묘한 타이밍에 진나라 군대가 들이닥쳤습니다. 왕전의 기습은 번개같이 시작됐고, 단 한 번의 전투에서 초나라 군대는 박살났고, 항연 역시 이 전투에서 전사했습니다. 진나라군의 승리 요인은 실전형 지휘관 양성 그리고 워낙 여러 나라와 전쟁을 하다 보니 속전속결에 특화된 군대가 되었다는 점입니다. 초나라는 자기들 기준에서 판단하고 후퇴 전술을 이용했지만, 진나라 군대의 능력은 초나라의 그것 이상이었습니다. BC 223년, 위나라가 멸망한 지 불과 2년 만에 초나라의 장수 항연(項燕)를 죽이고 초나라 왕 부추(負芻)를 사로잡는 등 초나라마저 무너뜨렸습니다. 이 공으로 통무후(通武侯)에 봉해졌습니다

왕전의 지혜, 安命의 지혜

이러한 과정에서 왕전은 의심 많기로 유명한 진시황 밑에서도 처신을 잘했습니다. 재치를 발휘하여 받아낼 수 있는 인적/물적 지원을 전부 받아낸 뒤, 자신의 작전까지 최고 권력자의 승인을 받아내 결국은 대국 초나라를 멸망시켰습니다. 처신의 일부였으나, 진왕에게 자기 가문의 잇속까지 받아냈으니 '기전파목(起 翦頗牧, 용병술이 뛰어난 장군, 백기·왕전·염파·이목)' 중에서 성과는 가장 뛰어났다고도 볼 수 있습니다. 왕전보다 더 큰 공을 세운 백기는 장평대전 이후 입안한 작전이 받아들여지지 않고 실각하여 유배당하는 수모를 겪다 자결하라는 명령을 받았고, 염파는 뛰어난 능력에도 불구하고 전장에서 밀려나 이 나라 저 나라를 떠돌아다니다 결국 쓸쓸히 죽었습니다. 이목도 곽개의 모함으로 죽고 말았습니다. 장수는 전투만이 아니라 윗선과의 심리적 소통도 중요하다는 것을 보여주는 예입니다.

처세의 기술(Art of Living)

明哲保身(명철보신)

명철(明哲)은 원래 선악과 시비를 잘 분별한다는 뜻입니다. 사람들은 이익과 손해를 잘 판별하고, 나설 때와 침묵할 때를 잘 아는 것으로 풀이합니다. 보신(保身)은 자기 몸만 지키려는 옹색한 뜻으로 와전되어 사용하기도 하지만, 명철보신은 이치에 밝고 분별력이 있어, 적정한 행동으로 자신을 잘 보전한다는 뜻이 됩니다.

와신상담, 토사구팽의 주인공으로 양국의 제상인 오자서, 백비 그리고 범려, 문종은 명철보신을 곱씹을 수 있는 그들의 역사적인 이야기가 전해져 옵니다.

공자는 처세에 대해서 어떻게 말했을까?

공자가 처세의 사례로 위나라 대부를 지낸 영무자를 예로 듭니다.

> "영무자(寧武子)는 나라가 태평할 때(도가 있으면)는 지혜로웠고, 나라가 혼
> 란할 때(도가 없으면)는 어리석은 듯이 했다. 그의 총명함은 따라갈 수 있
> 으나, 그의 어리석음은 따라갈 수 없다." - 『논어』 「공야장(公冶長), 20」

알아주는 임금 앞에서는 마음껏 역량을 펼치다가(有道則知유도즉지), 세상이
어지러워지면 어리석은 체하며(無道則愚무도즉우) 숨어 자신을 지킵니다. 후세
는 영무자를 명철보신(明哲保身)의 지혜가 있는 자로 높였습니다. 치세와 난
세의 시기에 각각 다른 모습을 영무자는 보였습니다. 공자께서는 어째서
이를 대단하다 하신 걸까요?

『춘추』에 보이는 전후 사정은 이렇습니다. 처음에 영무자는 위성공(衛成公)
을 따라 여러 해 갖은 고초를 겪으며 충성을 다했습니다. 하지만 영무자 덕
분에 사지에서 돌아온 위성공은 영무자가 아닌 공달(孔達)에게 정치를 맡겼
습니다. 영무자의 서운함과 배신감이야 말할 수 없었겠는데, 그는 원망하
는 대신 바보처럼 자신을 감추고 숨어 끝내 공달과 권력을 다투지 않았습
니다. 공자는 주어진 처지와 상관없이 그 자리에서 처신한 영무자의 한결

같은 충성을 높이 산 것입니다. 나라는 어찌 되건 제 한 몸만 보전하려는 꾀를 칭찬한 말씀이 결코 아니었던 것입니다.

공자가 안연과 자로와 함께 거닐다가, 공자가 안연에게 말했다.
"등용해 주면 나아가 (뜻을 펼쳐) 일을 하고, 버려지면 숨어 지내는 것은, 오직 나와 너만이 할 수 있을 것이다."

이를 듣던 자로가 공자에게 물었다.

"선생님께서 삼군을 지휘하신다면 누구와 함께 하시겠습니까?"
공자가 말했다.
"맨주먹으로 호랑이를 잡고 맨몸으로 넓고 깊은 강을 건너려고(暴虎馮河 포호빙하) 시도하다가 죽어도 후회하지 않는 사람과는 나는 함께 하지 않겠다. 반드시 큰일을 앞두고 신중하고 두려워하면서 계책을 잘 세워, 일을 성사시키는 자와 함께 할 것이다."
─ 『논어』 「술이, 10」

2,500년 전 춘추전국시대는 그야말로 제후의 전성시대였습니다. 정치에 참여하고 싶으면 반드시 어느 제후국의 군주 마음에 들어야 등용되었기 때문에 아무리 어진 인재라도 그를 알아봐 주는 사람이 없으면 초야에 묻혀

지낼 수밖에 없었습니다. 따라서 등용되면 나아가 벼슬을 할 수 있지만, 군주로부터 버림을 받으면 곧 물러나 자기 수양에 몰두하는 게 도리인데도 불구하고 많은 사람들이 그렇지 못하고 자리에 연연하여 끝없는 유세를 계속하기도 했습니다. 덕행에 있어 공자에 버금가는 제자 안연에 대한 스승의 칭찬을 엿볼 수 있는 장면입니다.

한편, 용맹스럽기로 이름을 떨친 제자 자로가 전쟁 지휘를 놓고 은근히 스승의 마음을 떠보지만 돌아오는 스승의 반응은 단호했습니다. 공자는 이렇게 말했습니다.

"지나치게 용감해서 앞뒤를 가리지 않고 덤벼들고, 사전 계획 없이 큰일을 시도하는 사람과는 절대로 큰일을 함께 도모하지 않겠다."

사전에 충분한 준비 없이 큰일을 시도하려는 무모함과 지나친 만용을 부리면서도 후회하지 않는 제자에게 그야말로 일침을 가한 것입니다. 나아갈 때와 물러설 때를 놓치는 지도자는 물론이고, 무모한 업무 추진으로 막대한 손실을 자초하는 경영인 모두 국민이 바라는 '성공한 리더'의 모습은 결코 아닙니다. 과욕이나 요행을 바라고 한 일은 절대로 성공할 수 없습니다.

처세에 있어 마땅히 갖춰야 할 열 가지 태도
- 處世十當, 초연거사 육법도

첫째: 무의식중에 되풀이하는 좋지 않은 버릇은 끊어 제거한다.

둘째: 바쁜 마음이라도 평온한 상태를 유지하여야 한다.

셋째: 나쁜 생각, 악한 행동, 못된 습벽은 단호하게 끊어야 한다.

넷째: 내가 해서 기쁘고 상대가 받아 즐거운 일을 하나씩 실행에 옮긴다.

다섯째: 오감을 부추기는 욕망을 줄인다.

여섯째: 몸으로, 입으로, 생각으로 짓는 잘못을 씻어내야 한다.

일곱째: 분수에 넘치는 일은 삼간다.

여덟째: 어렵고 힘든 처지에 놓인 사람을 보살피고 구원해야 한다.

아홉째: 좋은 일에 힘을 보태 성취하도록 돕는다.

열째: 남을 위해 온 힘을 다한다.

處 처

지금 있는 자리에 대하여

隨處作主 立處皆眞

(수처작주 입처개진)

어느 곳이든 그곳에 따라 주인(主人, 주도적)이 되면, 그 있는 곳에서 진짜가 된다.

당(唐)나라 때 사람으로 임제의현(臨濟義玄)이란 분이 있습니다. 선승(禪僧)으로 많은 제자를 길러낸 참 스승인데, 중국 산둥성(山東省) 출신입니다. 말씀 중에 "수처작주 입처개진(隨處作主 立處皆眞)"이 있습니다. "어느 곳, 어느 처지에 다다르더라도 주관을 잃지 않고 자신의 주인이 되라"는 뜻입니다. 여기서 주인은 여러 사람을 이끄는 지도자나 사물의 주인이 된다는 뜻이 아니라 내가 나를 바로 이끌 수 있는 능력을 말합니다. 누가 이렇게 말하면 이쪽에 혹하고, 저렇게 말하면 또 저쪽으로 휩쓸려 이합집산하는 것이 아니라 자기 생각에 따라 어느 것이 옳고 그른지 판단하고 자신의 행동과 미래를 위해 차분하지만 힘 있게 앞을 향해 나아가는 것입니다. 중요한 것은 사적인 이익(私利)보다는 공동체에 대한 의무와 책임을 먼저 생각할 수 있어야 참다운 나의 주인이 될 수 있다는 것입니다.

미국 스탠더드석유회사에 애치볼드라는 사람이 입사했습니다. 그의 별명은 '한 통에 4달러'였습니다. 기안을 올리거나 무언가를 확인해 줄 때마다 자신의 이름 옆에 항상 '한 통에 4달러, 스탠더드석유회사'라고 적었기 때문입니다. 심지어 출장을 가서 묵는 호텔의 숙박부에도 '한 통에 4달러, 스탠더드석유회사'라고 썼습니다. 이를 본 동료들이 "그까짓 거 회사 홍보에 도움이 되겠어? 바보 같은 짓이야."라며 조롱 삼아 별명을 붙여 주었던 것입니다. 그러던 어느 날 캘리포니아의 한 작은 마을로 출장을 가게 된 애치볼드는 여느 때와 다름없이 호텔 숙박부에 '한 통에 4달러, 스탠더드석유회사'라고 적어넣었습니다. 그런데 그의 행동을 유심히 살펴보던 한 신사가 왜 이런 것을 적느냐고 물었습니다. 그는 너무도 당연하다는 듯 "혹시 손님들 중에서 갑자기 석유가 필요한 분이 있다면 숙박부를 본 종업원들이 저의 연락처로 연락할 확률이 높지 않겠습니까?"라고 대답했습니다.

한 달여가 지난 어느 날, 애치볼드는 스탠더드석유회사의 오너인 존 록펠러로부터 초청을 받았습니다. 록펠러는 "당신처럼 일에 열중하는 사람과 함께 일해보고 싶다"고 말했고, 이 일을 계기로 애치볼드는 훗날 록펠러 회장이 은퇴하고 난 뒤 그의 후계자가 되었습니다. 캘리포니아의 한 호텔에서 만난 신사는 록펠러였던 것이지요. 애치볼드는 자신의 일에 주인의식을 가지고 어디서든 최선을 다한 것입니다. 어느 곳이든 가는 곳마다 주인(主人)이 되라는 수처작주(隨處作主), 어느 곳이든 주체로서 활동하고, 남의 일처럼 처세하지 말고 당당하게 자기 일처럼 하라고 주문하고 있습니다.

시간과 공간에 맞는 처신(處身)

2인자인 그대에게 질문합니다

1. 현재 그대의 위치를 그림으로 그려보세요.

2. 그 그림에서 그대의 존재는 어떻게 정의할 수 있나요?

3. 그대의 위치에서 나타난(+숨겨진) 중요한 이슈는 무엇인가요?

4. 그 이슈에 대한 해결 방법은 무엇인가요?

5. 그대가 2인자라면
   2인자로서의 마인드셋(마음가짐)을 말씀해보세요.

隨處作主 立處皆眞

어느 곳이든 그곳에 따라 주인(主人, 주도적)이 되면,

그 있는 곳에서 진짜가 된다.

조언자

: 마음으로 설득하라

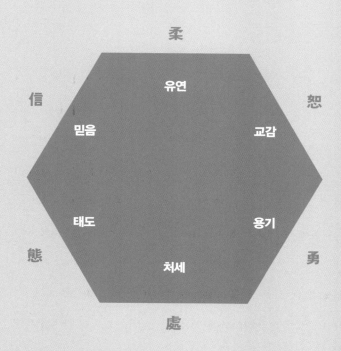

조언자의 태도

책사는 지금의 참모다.
계획과 책략을 내는 사람이다.
괴통, 장량, 진평, 제갈량이 있다.
정도전, 유성룡 등도 있다.

참모는 조언하는 자다.

조언하는 자는 태도가 주효하다.
態태자는 能자 아래 心자의 조합이다.
탁월한 역량과
진정성 있는 마음이 그것이다.

애덤 그랜트는 조언자의 3가지 조건으로
전문성(신뢰), 진정성(아낌), 친밀감(관계)
마음 둘에 역량 하나를 제시한다.
마음으로 도와야 한다.

신임을 얻어야 파트너가 된다.

빛과 그림자의 춤 : 괴통

[장면 1] (은은한 빛에 가린 괴통이 한신의 거처에서 말한다.)

"지금 당신께서 한의 유방을 위한다면 한이 이길 것이요, 초의 항우와 함께하면 초가 이길 것입니다. 신은 속마음을 터놓고 간과 쓸개를 드러내고 계책을 말씀드리려고 하는데, 당신께서 써주지 않을까 걱정됩니다. 진실로 당신께서 저의 계책을 써주신다면, 한과 초를 이롭게 하고 두 임금을 존속시켜 천하를 셋으로 나누어 솥의 세 발처럼 서 있게 할 것입니다. 그 형세는 누구도 먼저 움직이지 못할 것입니다. 당신처럼 현명한 분이 수많은 병사를 거느리고 강대한 제에 의지해 연과 조를 복종시키고, 주인이 없는 땅으로 나아가 한과 초의 후방을 제압하고, 백성들이 바라는 대로 서쪽으로 진격해서 두 나라의 전쟁을 끝내게 하고 백성들의 생명을 구해준다면, 천하가 바람처럼 달려오고 메아리처럼 호응할 것입니다."

(한신은 긴 침묵만 지키고 있다. 괴통이 그 침묵을 깨고 말한다.)

(촛불도 흔들리지 않게 괴통은 한신에게 다시 말한다.)

"지혜로는 그것을 알면서도 결단해서 과감히 행하지 않는 것이 모든 일의 화근입니다."

(긴 침묵을 끊어 내듯 한신이 읊조린다.)

"한 왕은 나를 후하게 대해주었다. 자기의 수레로 나를 태워주며, 자기의 옷으로 나를 입혀주며, 자기의 먹을 것으로 나를 먹여주었다. 내가 들으니 '남의 수레를 타는 자는 남의 근심을 제 몸에 싣고, 남의 옷을 입는 자는 남의 걱정을 제 마음에 품으며, 남의 밥을 먹는 자는 남의 일을 위해서 죽는다'고 하는데, 내 어찌 이익을 바라고 의리를 저버릴 수 있겠느냐?"

(괴통이 다시 말한다.)

"당신께서는 스스로 한 왕과 친한 사이라고 생각해서 만세토록 변치 않는 업적을 세우려고 하시지만, 저는 그것이 잘못이라고 생각합니다. 근심은 욕심이 많은 데서 생기고, 사람의 마음은 헤아릴 수 없기 때문입니다."

"맹호가 머뭇거림은 벌이나 전갈이 쏘는 것만 못하며, 준마의 주춤거림은 노둔한 말이 천천히 가는 것만 못하며, 맹분(孟賁)의 여우 같은 의심은 필부가 결행하는 것만 못하다 했습니다. 비록 순(舜) 임금이나 우(禹) 임금과 같은 지혜가 있더라도 입을 다물고 말하지 않으면 벙어리나 귀머거리가 손짓발짓을 하는 것만 못합니다. 당신 자신을 자세히 살펴보십시오."

한신은 망설였지만, "차마 배신하지 못한다." 하며 못을 박았다.
그러자 괴통은 미치광이가 된 것처럼 모습을 바꾸어 한신 곁을 떠났다.

[장면 3]
결국, 결정의 시간을 놓치고, 마음을 바꾸었을 때는 진평의 덫이 한신을 기다리고 있었다.
죽어가면서 한신은 한탄한다.

"그때, 괴통의 계책을 받아들일 걸⋯."

그의 설득이 만든 역사

괴통은 본명이 괴철(蒯徹)이며, 자(字)는 통(通)입니다. 그는 한신의 책사로 전략적 조언자로서 중요한 역할을 했습니다. 괴통은 한나라 초기의 복잡한 정치적, 군사적 상황 속에서 중요한 역할을 한 인물로 그의 조언은 한신의 군사적 성공에 중요한 역할을 했습니다.

괴통은 한신에게 제나라를 공격할 때, 한신에게 '장군이 한 왕을 위하여 항우를 공격할 것이 아니라, 중립을 지켜 항우, 유방, 한신으로 천하 3분하라'고 권유한 인물이다. 이른바 '천하삼분지계(天下三分之計)'였다. 하지만 한신은 괴통의 제안을 받아들이지 않았고, 이는 나중에 한신의 비극적인 결말에 중요한 영향을 미쳤습니다. 한신은 결국 유방에게 처형당하게 됩니다.

한신이 받아들이지 않자, 괴통은 미친 사람을 행세하며 숨어 지내다가 한신이 처형당한 뒤 반란을 사주했다고 해서 체포당했지만 한고조 유방은 그를 풀어주었다.

사마천은 「전담열전」 태사공 서에서 "괴통은 책사로 종횡술에 뛰어나 전국 시대의 권모술수를 논한 글 81편을 지었습니다. 그러면서 괴통이 한신을 교만에 빠지게 하였다."라고 기술하고 있습니다. 어떻게 역사적 맥락으로 보느냐 하는 프레임의 시각일 수 있다. 괴통의 글 81편은 남아 있지 않습니다.

괴통은 왜 한신을 설득하지 못했을까?

한신은 회음의 평민 출신이었습니다. 어머니가 세상을 떠났을 때도 가난하여 장사를 지내기 어려웠고, 여러 집에 신세를 지며 밥을 빌어먹을 정도였습니다. 그런데도 한신은 무공에 관심이 많아 열심히 수련을 하며 무사가 될 날을 기다렸습니다. 최초의 통일국가 진나라가 망해 소용돌이에 빠졌을 때 기회가 왔다고 생각한 한신은 항우 밑에 들어가 낭중이 되어 여러 차례 계책을 올렸으나 받아들여지지 않자 유방에게로 갔습니다. 거기서 한신을 알아본 진평의 추천으로 대장군이 되었습니다. 전세가 항우의 초에서 유방의 한이 유리하게 넘어가더니 급기야 한신이 캐스팅 보트를 쥐게 되었습니다. 이를 지켜본 괴통이 천하의 승부를 좌우할 힘이 한신에게 있음을 알고 한신을 찾아와 '천하삼분지계'를 제안했습니다.

괴통이 아리스토텔레스의 설득의 기술을 알았다면

아리스토텔레스의 설득의 기술은 수사학이라는 학문을 통해 정립되었습니다. 수사학은 말이나 글로 상대방을 설득하기 위한 기술이며, 다양한 분야에서 활용될 수 있습니다. 예를 들어, 정치, 법률, 교육, 광고, 마케팅 등에서 수사학의 기술이 필요합니다. 아리스토텔레스는 수사학의 요소로 로고스, 파토스, 에토스를 꼽았습니다. 이 세 요소는 각각 다음과 같은 의미를 가집니다.

> **에토스**(Ethos)**:** 화자의 인격이나 신뢰성을 의미합니다. 화자의 품격, 성실, 카리스마 등을 통해 청중에게 신뢰감을 주고 청중을 설득하는 방법을 말합니다. (20%)
>
> **로고스**(Logos)**:** 논리적이고 이성적인 설득을 의미합니다. 증거 자료를 토대로 자기주장을 논리적으로 증명해 보임으로써 청중을 설득하는 방법을 말합니다. (30%)
>
> **파토스**(Pathos)**:** 감정적이고 심리적인 설득을 의미합니다. 청중의 감성이나 감정을 자극하고 공감하면서 청중을 설득하는 방법을 말합니다. (50%)

아리스토텔레스는 이 세 요소가 잘 조화를 이루어야 설득이 효과적이라고 주장했습니다. 그는 에토스를 가장 중요한 요소로 강조했으며, 에토스를 구축하기 위해서는 평소에 행동을 통해 호감도와 진정성을 인지시키고, 상대방과 신뢰의 다리를 구축해야 한다고 했습니다. 또한, 상대방의 심리

상태를 고려하고, 논리와 증거를 갖추어야 한다고 했습니다. 아리스토텔레스의 설득의 기술은 수천 년이 지난 지금도 여전히 유효하고 유용하다고 할 수 있습니다.

괴통의 설득을 되짚어 보면, 에토스나 로고스에 의한 기술은 충분했습니다. 그러나 파토스 측면을 관찰해 보면, 괴통은 한신이 가슴속에 자리 잡고 있었던 심리적 갈등을 파악하는 데는 부족했습니다. 한신의 어린 시절은 그에게 많은 슬픔과 고통을 주었지만, 그는 그것을 극복하고 자신의 꿈을 이루기 위해 노력했습니다. 어머니를 잃은 후에는 주위 사람들에 신세를 지며 살았지만, 그는 무공을 배우고 무사가 되고자 했습니다. 외톨이였던 그는 사람들과 잘 어울리지 못했습니다. 어머니가 세상을 떠나고, 아버지는 무관심하고, 여러 집에 신세를 지는 등의 경험은 그에게 정서적 안정감을 주지 못했을 것입니다. 그는 자신을 부정적으로 생각하고, 타인에게 의존하고 싶었으나, 타인에게도 신뢰를 갖지 못했을 것입니다. 이런 특징은 '혼란 애착'에 해당합니다. 혼란 애착은 부모가 위로의 대상이자 불안의 대상이라는 모순적인 감정을 가지는 유형입니다. 혼란 애착을 가진 사람들은 자신을 부정적으로 평가하고, 타인에게 의존하고 싶지만, 신뢰를 갖지 못합니다.

아마 한신은 괴통의 제안을 받았을 때 이렇게 생각했을 것입니다.

'괴통의 제안을 수락하는 것은 한고조 유방에 대한 배반이다.'

그는 유방이 자신에게 베풀어 준 따뜻한 친절과 인정해 주었던 마음을 잊지 못했을 것입니다. 이렇게 한신의 거절은 혼란 애착의 특징을 반영합니다. 혼란 애착을 가진 사람들은 자신과 타인에 대한 감정과 생각이 일관되지 않고, 모순적이고 불안정합니다. 타인에게 의존하고 싶지만, 신뢰를 갖지 못하고, 배신을 두려워하기 때문에 자신의 결정에 확신을 갖지 못합니다. 자신의 감정과 생각을 표현하거나 조절하는 데도 어려움을 겪습니다.

한비자도 설득의 어려움을 그의 책, 『세난(說難)』에서 피력합니다. 이 책은 유세의 어려움과 설득의 어려움을 다룬 글입니다. 『세난』에서 그는 상대방의 마음을 알고 그에 맞게 하는 것이 설득의 핵심이라고 주장합니다.

"설득의 어려움은 지혜로 설득하는 것의 어려움이 아니고, 능변으로 설득하는 것의 어려움이 아니고, 자신의 의도를 다 펼치는 것의 어려움이 아니라, 상대방의 마음을 알고 그에 맞게 하는 것의 어려움이다."

괴통은 한신의 성향과 가치관을 고려하지 않고 자신의 생각만을 주장하고 공을 던졌습니다. 한신은 인정받고 싶은 욕구가 강했는데도 괴통은 한신이 좋아하는 것, 싫어하는 것, 즐거운 것과 괴로운 것들을 고려하지 않았습니다.

이렇게 설득했더라면…

괴통은 한신의 심리를 이해하지 못했습니다. 특히 그의 어린 시절 부모에 대한 애정결핍으로 자신을 보살펴 준 한고조 유방에 대한 애착이 있었습니다. 현실에서의 프레임으로 과거를 끊어내는 괴통의 기술이 미치지 못했습니다. 또한 캐스팅 보트라는 이점으로 향후 벌어질 비전에 대해 충분히 조망하는 시간을 갖지 못했습니다. 괴통은 한신에게 빠른 결단을 재촉했지만, 이는 한신의 조심성에 어긋났습니다. 그의 심리적 안전감을 우선 조성한 뒤에, 역사적인 사명과 비전을 세워 한신의 욕구를 자극하여 강한 사명감을 만들어 주었다면 중국의 역사가 달라졌을지도 모릅니다.

나아갈 때도 Plan B를 가져라 : 장량

– 움직일 때와 기다릴 때(進退動息)를 아는 멘토

장량은 한(韓)나라 다섯 번의 재상을 역임한 가문의 공자(公子)였습니다. 그가 태어날 때 진시황의 진나라는 호시탐탐 한나라를 병탄하려 했고, 그는 청년 시절에 한나라의 멸망과 가문의 부서짐을 목격하고 한때 원한을 갚기 위해 분노의 불길로 젊은 시간을 보냈습니다. 그러나 그는 자신의 감정을 조절하면서 인생의 또 다른 계획을 세워 하비(下)에 몸을 숨기고 기다리는 지혜로움도 있었습니다. 장량은 전설의 황석공을 만나 가르침을 받게 됩니다.

"천하를 얻어서 잘 다스리려면 반드시 '요점'과 '본질'을 잡아야 하고 이 '요점'과 '본질'은 청정하고 텅 빈 마음으로 자신을 지켜야 얻을 수 있고 그 실행은 겸손하고 부드러운 태도로 자신을 견지해야 목표를 달성할 수 있다."

秉要執本, 淸虛以自守, 卑弱以自持.

(병요집본 청허이자수 비약이자지)

한고조 유방을 만나다
- 물과 같은 장량, 고조에게 스며들다

장량은 하비에서 10년을 보냈습니다. 장량은 진시황의 사후 의군에게 투신하러 가는 도중에 운명적으로 유방을 만나게 됩니다. 유방은 고정된 자루처럼 자신의 확고한 생각과 주장은 없지만 그에게서 포용적인 리더십을 느꼈습니다. 장량의 깨달음을 계곡같이 흡수하는 유방의 그릇을 보면서 장량은 유방을 선택하게 됩니다.

홍문연에서의 Plan B
- 굽은 것이 온전하다 (曲則全_『노자』 22장)

유방이 먼저 진나라의 수도 함양으로 진격하여 함락시킵니다. 함양에서 승리감에 취해 있을 때 항우가 한발 늦게 함곡관에 도착하나, 함곡관은 막혀 있었습니다. 이에 항우는 분노하며 홍문연에서 유방을 제거하려는 계획을 세웁니다. 상황을 간파한 장량은 어투는 부드러웠지만 단호하게 상황을 요약하고 처음의 마음으로 근본을 말합니다. "천하를 얻고 싶으십니까? 40만을 이끌고 있는 항우가 10만을 이끄는 폐공의 부하가 되려 하겠습니까? 패공께서 생각하시기에 아군이 항우와 결전을 벌일 수 있겠습니까?" 이에 유방은 자신을 내리고 장량에게 물었습니다. "그러면 어떻게 해야 합니까?" 답은 유방 스스로 이미 말하고 있었습니다. 그러나 장량은 좀 더 자세하게 행동 지침을 제시했습니다. "검소함을 보여주시고, 성 밖으로 후퇴하여 항우의 요청을 기다리십시오." 홍문연으로 들어오라는 항우의 명령에 유방은 장량의 말대로 검소하고, 잘못을 빌며 굽히는 모습을 보였습니다. 다음 계획을 위해 온전함을 지키는 굽음이었습니다. 굽은 것이 온전하였습니다.

승계의 갈등을 넛지로 해결하다
- 상산사호 찬스를 쓰다

상산사호(商山四皓)는 진나라의 폭정을 피해 입산했지만 한(漢)나라를 세운 유방도 좋아하지 않았습니다. 그들은 유방이 사람을 업신여긴다고 생각했기 때문입니다. 그도 그럴 것이 유방은 상당히 무식했고, 지식인들을 아주 싫어했습니다. 그들은 유방이 아무리 소리쳐 불러도 결코 뒤돌아보지 않고 산속에서 지냈습니다. 그럴수록 상산사호에 대한 민중의 존경심은 더욱 높아만 갔습니다.

유방은 태자 유영(劉盈)을 폐하고 자신이 아끼는 척부인의 아들인 유여의(劉如意)를 태자로 세우고자 했습니다. 주변에서 아무리 말려도 듣지 않았습니다. 그러자 다급해진 태후가 장량에게 어찌하면 좋겠느냐고 읍소를 했고 이에 장량이 내놓은 대책이 바로 상산사호 '찬스'였습니다. 여후는 말 잘하는 선비에게 옥과 비단 등을 아끼지 않고 들려 보내 상산사호를 모셔오는 데 성공합니다. 그리고 연회를 할 때 상산사호를 태자 곁에 앉게 했지요. 황제가 아무리 불러도 들은 척도 하지 않던 고고한 은둔자들이 태자를 보위하더니, 그 이유를 묻는 황제의 질문에 상산사호는 다음과 같은 말로 태자를 두둔했습니다.

"폐하께서는 선비를 하찮게 여기고 욕도 잘하니 신들이 의로움에 욕을 먹지 않을까 하여 달아나 숨었습니다. 그러나 태자께서는 사람됨이 어질고 효성스러우시며 사람을 공경하고 선비를 아끼셔서 천하에는 목을 빼고 태자를 위해 죽지 않으려 하는 자가 없으므로 신들이 찾아온 것일 뿐입니다."

그 말을 끝으로 할 일을 마친 상산사호는 유유히 연회장을 빠져나갔습니다. 그 결정적인 한마디로 '게임 끝'이었습니다. 유방은 천운이 태자에게 있음을 알고 결국 태자를 바꾸려던 마음을 접었습니다. 장량의 아이디어로 상산사호가 태자를 도운 이야기는 '태자우익(太子羽翼)'이라는 제목으로 알려지게 되었습니다. 우익은 좌우에서 보좌하는 자신의 사람을 뜻하는 말입니다.

왕의 멘토, 장량

멘토링은 풍부한 경험과 지혜를 가진 사람이 다른 사람에게 역량과 잠재력을 개발하고, 성장을 위해서 지도와 조언을 해주는 활동입니다. 멘토링은 멘토라고 부르는 스승 역할을 하는 사람과 멘티라고 부르는 조언을 받는 사람의 관계로 이루어집니다.

리더의 스승으로서 멘토링을 하려면 다음과 같은 역량과 태도가 요구됩니다.

1. 비전과 사명의 공유: 멘토는 멘티가 자신의 비전과 사명을 명확히 인식하고 이를 실천할 수 있도록 도와야 합니다. 멘토는 자신의 경험과 지혜를 공유하고, 멘티의 장점과 잠재력을 발견하고, 목표 달성을 위한 계획과 전략을 함께 수립해야 합니다.

2. 존중과 신뢰의 구축: 멘토는 멘티를 존중하고 신뢰해야 합니다. 멘토는 멘티의 의견과 감정을 경청하고, 비판적인 피드백보다는 격려와 칭찬을 우선해야 합니다. 멘토는 멘티의 자기주도적인 학습과 성장을 지원하고, 멘티가 자신의 결정과 행동에 책임을 질 수 있도록 해야 합니다.

3. 소통과 협력의 능력: 멘토는 멘티와의 소통과 협력을 원활하게 하기 위한 능력이 필요합니다. 멘토는 멘티와의 면담을 정기적으로 실시하고, 멘티의 고민과 문제를 함께 해결하고, 멘티의 성과와 발전을 평가하고 인정해야 합니다. 멘토는 멘티와의 관계를 유지하고 개선하기 위해 적절한 피드백과 의사소통 기술을 활용해야 합니다.

4. 모범과 섬김의 자세: 멘토는 멘티에게 모범이 되어야 합니다. 멘토는 자신의 역량과 성숙도를 지속적으로 발전시키고, 자신의 행동과 태도로 리더십을 보여주어야 합니다. 멘토는 멘티를 섬기는 자세로 다가가고, 멘티의 유익을 위해 최선을 다해야 합니다. 멘토는 멘티가 다시 다른 리더를 세울 수 있도록 도와야 합니다.

『사기』에서는 제왕의 스승은 "귀로 듣는 게 아니라 마음으로 듣고, 안으로 자신을 살펴서 밝게 보아야 하고, 항상 자신을 이겨야 한다"고 합니다.

反聽之謂聰 內視之謂明 自勝之謂强

(반청지위총 내시지위명 자승지위강)

'반청(反聽)'이라는 말은 말로 표현된 소리만 듣는 게 아니라, 말의 반면(反面)의 소리까지를 듣는다는 뜻입니다. 이러한 소리를 듣는 사람이야말로 진정한 리더의 스승이 될 수 있습니다.

　상대방의 뜻이 어디에 있는 줄을 정말 몰라서 상대방의 마음의 소리를 듣지 못한다면 그래도 그건 괜찮습니다. 상대방의 뜻이 어디에 있는 줄을 뻔히 알면서도 말로 표현하지 않았다는 이유로 모른 척하는 것은 참으로 비정한 태도입니다.

기다림을 이길 수 있는 전략은 없다 : 진평

- 무색무취의 참모

항우와의 5년 전쟁을 승리로 이끌고 유방은 한나라 황제로 올라섰습니다. 권력 초창기에는 언제나 그렇듯 치열한 권력투쟁의 소용돌이를 대비해야 합니다. 어제의 공신이 오늘의 역적이 되어 형장의 이슬로 사라집니다. 이 와중에도 유방의 건국 3대 공신 중 한 명인 소하는 권력과 무관한 행정 책임자로서 여전히 유방의 신임을 받았고, 장량은 무심한 듯 모든 권력과 부를 내려놓고 떠났습니다. 또 한 명의 절대 공신인 한신은 제나라의 왕이 되어 호시탐탐 한고조 유방 밑에서 독립할 꿈을 꾸는 것 같았습니다. 이제 한고조에게는 전쟁 기술자보다 통치와 행정의 능숙한 관리자가 필요한 시점이었습니다. 이때 유방의 신임을 받으며 참모로 부각된 인물이 있었는데 바로 진평입니다.

진평은 기다림을 전략으로 승화시켰습니다. 유방 밑에서 인정받기 위해 기다렸고, 여태후 치하에서는 새로운 시대를 열겠다는 웅대한 꿈을 숨긴

채 기다렸습니다.

『주역』 64괘 중 기다림의 괘는 水天需(수천수)입니다. 하늘의 비를 기다리는 땅의 마음입니다. 비 올 때까지 지내는 인디언의 기우제입니다. 그래서 기도가 현실이 됩니다. 농부가 가을의 결실을 위해 봄, 여름 성실과 땀으로 일하고, 부모가 자녀의 성장을 기다리며 보살피는 마음이고 결심인 것입니다. 그래서 조급하면 안 됩니다. 여유를 갖고 마음을 가다듬어야 합니다.

가벼우면 근본을 잃고, 조급하면 자리를 잃는다

輕則失本 操則失君

『도덕경』 26장에서 노자는 우리에게 조급하면 지금을 잃는다고 경고합니다. 기다리십시오. 기다림은 목적지가 없기에 어쩔 수 없이 기다리는 것이 아닙니다. 순간의 폭발을 위해 실력을 쌓고 천하의 민심이 돌아오기를 기다리는 것입니다.

기회는 찾아오는 것이 아닌, 만드는 것입니다. 그러기 위해서는 귀를 열고, 눈을 크게 뜨고, 머리를 집중해 세상의 방향을 우선 읽는 것이 중요합니다. 긴 여정에서 '준비된 내가' 언제쯤 손을 번쩍 들지도 자신이 판단해야 합니다. 조바심 내지 말고 기다려야 사람이든 기회이든 옵니다. 『주역』의

需수괘는 이렇게 기다리는 단계에서 어떠한 태도를 견지해야 하는지 지혜를 줍니다.

1. 목표를 세우니 무대가 보인다. 누구도 관심 가져주지 않는다. 들에서 기다리는 형국이다.
2. 강 물결이 세차니 잔잔해질 때까지 모래밭에서 기다린다.
3. 기다리니 지루하고 험난한 시간이 흐른다. 어두운 제안에 타협하지 마라.
4. 옳은 말로 조언해 줄 조력자를 찾아라. 그래야 피를 보는 자리에서 구출된다.
5. 서두르지 않고 느긋하게 기다린 시간 후에 리더가 기다린다. 성장한다.
6. 떠날 때가 언제인지 알아야 한다. 성숙한다.

성장과 성숙을 위한 시간, 기다림

| 진평의 에피소드 1 | 분배의 달인

진평은 호유향 사람으로 일찍 부모를 여의고 농사를 짓는 형 진백과 같이 살았습니다. 진백은 동생인 진평의 가능성을 처음 발견한 인물입니다. 마을에 마침 초상이 나서 가난한 진평이 장례를 돕게 되었는데 먼저 가서 나중에 나오는 것으로 도움을 주었습니다.

마을 제사를 진평이 주재(主宰)했는데 고기를 아주 고르게 잘 나누었습니다. 어른들이 "잘하네, 잘해. 진 씨 젊은이가 주재 노릇을 잘해!"라고 하자, 진평이 "어허, 진평에게 천하를 주재하게 해도 고기 나누듯 잘할 텐데!"라고 했다고 합니다.

　– 먼저 가고 나중에 나온다.
　– 성과를 고르게 나눈다.

| 진평의 에피소드 2 | 목적이 분명하면 체면과 수모는 잊어라

진평은 홀몸으로 항우를 떠나 배를 탔는데 뗏목을 젓던 사공이 진평의 외모를 보고 그만 욕심을 품었습니다. 훤칠한 외모에 비단옷을 입은 진평이 돈이 많을 것이라 생각한 것. 사공의 눈치를 살피던 진평은 '내가 여기서 죽을 수도 있겠구나.' 생각하고 곧바로 비단옷을 던져버리고 알몸으로 사공의 노 젓는 일을 같이 하기 시작했습니다. 사공이 가만히 살펴보니 허울만 멀쩡한 속 빈 강정의 거지가 아닙니까. 사공은 진평을 죽여 재물을 취할 욕심을 버렸습니다. 순간의 기지가 진평의 목숨을 살린 것입니다.

　– 옷을 벗어던지고 자신이 거지꼴임을 밝혀 안명한다.

| 진평의 에피소드 3| 투명한 처신으로 유방의 탄탄한 신임을 받다

항우 진영에서 유방에게로 온 진평이 유방에게 총애를 받자 기득권 가신들이 불만을 토로했습니다. "진평은 두 번이나 모시던 사람을 바꾸었고 불성실하고 뇌물도 받았습니다." 이 말을 들은 유방은 진평을 불러 책망했습니다. 보통의 사람이라면 억울하다고 항변했겠지만 진평은 담담하고 정연하게 자신의 견해를 유방에게 설파할 뿐이었습니다.

"신이 위구를 떠난 것은 저의 진언이 전혀 받아들여지지 않았고, 항우는 자신의 일족 외에는 사람을 신임하지 않았기 때문입니다. 뇌물을 받은 것이 아니라 금을 받아 군자금으로 유용하게 썼습니다."

유방은 진평을 재신임하며 '다시는 진평에 대해 내 앞에서 논하지 말라'는 명령을 내렸습니다.

| 진평의 에피소드 4 |
선전과 여론전의 고수 진평, 항우의 책사 범증을 떼어 놓다

진평은 유방이 항우의 책사 범증 때문에 고민을 하자, 유방에게 금을 받아 초나라 진영에 뿌리고 소문을 냈습니다. 범증과 종이매, 용저 등이 항우를 배반한다고. 이 소문은 항우의 귀에도 들어갔고 항우는 형양성 앞에서 갑자기 진격을 멈추고 시간을 벌기 위한 협상에 돌입했습니다. 진평은 꾀를 냈습니다. 항우의 사자가 도착하면 산해진미를 차려놓고 대접하다가 갑자기 "사자로 오신 분이 범증이 보낸 사자가 아니고 항우가 보냈군." 하면서 상을 치우고 보잘것없는 음식을 내놓았습니다. 사자는 자신이 당한 일을 항우에게 그대로 보고했고 항우는 범증이 다른 마음을 품었다고 확신하게 됩니다. 범증은 계속해서 항우에게 형양성을 공격해 유방의 마지막 숨통을 끊어야 한다고 주장했지만 항우는 범증의 말을 듣지 않았습니다. 자신을 의심하는 항우의 마음을 읽은 범증은 항우를 떠나 고향으로 돌아가다 그만 화병에 등창이 나 죽고 말았습니다. 진평의 계략이 항우의 최고 참모이자 정신적인 지주인 범증의 목숨을 빼앗은 것입니다.

'인자인 호랑이 입에 팔뚝을 넣고 있는 것이 참모의 숙명이다.'

만약 여태후 사후에도 천하의 민심이 여 씨에게 있었다면 진평의 거사는 분명 실패했을 것입니다. 진평은 민심이 유 씨에게 있음을 알았기에 대담하게 궁정 쿠데타를 진행할 수 있었던 것입니다. 그것은 항상 진평의 한쪽 팔이 호랑이 입속에 들어 있는, 즉 언제 물릴지 모르는 신세였지만 또 하나의 팔은 민심이라는 서서히 달궈지는 물 안에 있었기에 가능했던 일입니다. 기다림에서 또 하나 중요한 것은 기한입니다. 기다림의 끝을 예상할 수 있는 예지력도 필요합니다. 진평이 무조건 위구 밑에서, 혹은 항우 밑에서 '언젠가는 내 재주를 알아주겠지.' 하고 기다렸어도 그 끝은 그냥 서생으로 끝나고 말았을 것입니다. 기다림과 기다림을 멈출 줄 아는 판단을 동시에 갖추기는 힘들지만, 그 점에서 진평은 참모로서 뛰어남을 보인 것입니다.

리더의 생각 파트너, 참모

"준마는 언제나 어리석은 사내를 태워 달리고, 현명한 아내는 모두 졸장부와 짝이 되어 산다네(駿馬每駄痴漢走 , 巧妻常伴拙夫眠)." 명(明)나라 때의 시인이자 화가인 당백호(唐伯虎)의 시입니다. 선비의 재능을 제대로 발휘하지 못하는 세상의 부조리와 불공평함을 읊고 있습니다.

이 시의 주어를 살짝 바꾸면 '어리석은 사내는 준마를 타고 달리고, 졸장부는 지혜로운 아내와 짝이 되어 산다네.'가 됩니다. 어리석은 사내라 하더라도 준마에 올라타면 천하를 호령할 수 있고, 졸장부도 현명한 아내가 바르게 이끌어 주면 큰일을 이룰 재목이 될 수도 있다는 의미로 해석될 수도 있습니다.

역사상 위대한 군주들에게는 거의 예외 없이 천리마처럼 출중한 책사가 함께했습니다. 주나라를 건국한 주무왕에게는 강태공이 있었고, 춘추시대 첫 패자였던 제환공에게는 관중(管仲)이, 중국을 통일한 진시황에게는 이사

(李斯)가, 한고조 유방에게는 장자방이, 당태종 이세민에게는 그의 거울이라 불린 위징(魏徵)이 있었습니다. 『삼국지』에서도 유비의 제갈공명, 조조의 순욱, 손권의 노숙이 서로 지략을 다투었습니다. 조선 태조 이성계의 책사 정도전은 500년 조선왕조를 설계하기도 했습니다. 위대한 리더의 뒤에는 또 위대한 아내가 있기 마련입니다. 온달의 평강공주를 비롯해서, 제갈공명의 황씨 부인, 명 태조 주원장의 마태후, 초장왕의 번희 등이 그들입니다.

'낭(狼)'과 '패(狽)'는 이리의 일종인 전설의 동물입니다. 낭(狼)은 용맹하지만 꾀가 모자라고, 패(狽)는 꾀는 많지만 겁쟁이입니다. 거기다 낭은 뒷다리가 짧고, 패는 앞다리가 짧습니다. 그래서 패가 낭의 허리를 뒤에서 껴안고 한 몸처럼 붙어 다녀야 합니다. 낭은 패가 없으면 서지 못하고, 패는 낭이 없으면 걷지 못하기 때문입니다. 그렇게 서로 협조하여 온전히 서고 걸으면서, 낭의 용맹과 패의 꾀로 효율적으로 사냥하며 공생합니다. 그런데 이 둘이 사이가 틀어져 헤어지면 아무것도 할 수 없어, 둘 다 굶어 죽을 수밖에 없습니다. 이런 난감한 상황을 '낭패'라고 합니다.

군주와 책사의 관계는 낭(狼)과 패(狽)의 관계입니다. 아무리 강력한 군주라도 책사를 잃으면 '낭패'를 당합니다. 항우는 지략가 범증(范增)을 아부(父)라고 부르며 신뢰하여 한때 그의 조력으로 중원의 패권을 잡기도 했지만 유방 측의 반간계에 빠져 의심하며 내치고 나서 끝내 해하전투에서 패하여 비참한 최후를 맞이했습니다. 충신 오자서의 도움으로 강력한 패자국이 되었던 오나라의 왕 부차는 그의 충언에 귀 기울이지 않고 그를 멀리하다가 끝내 죽이게 되고 결국 오자서의 예언대로 월나라의 공격을 받아 부차는 자결하고 나라는 멸망해 버렸습니다. 오나라를 멸망시킨 월왕 구천도 그를 도와 나라를 부흥시킨 책사인 범려와 문종을 떠나보내거나 죽이고 나자 월나라는 쇠퇴의 길을 걷게 됩니다.

이 시대의 기업인 등 리더들은 '낭'과 같은 용기와 리더십을 가지고 조직을 이끕니다. 그들이 성공하려면 '패'와 같은 지혜로운 책사의 조력이 필요합니다. 적절한 책사를 제때 만나지 못하면 낭패에 처하게 됩니다. 큰 소송에 휘말리거나 잘못된 계약으로 큰 손해를 입거나 기껏 개발한 제품이 특허 침해의 다툼을 일으켰거나 기타 세무, 노무, 관세 등의 온갖 복잡한 분야에서 곤욕을 치르는 것은 그 때문입니다. 이런 리더들을 돕는 현대의 책사는 다양한 분야의 전문직들입니다. 세상이 복잡하니 분야마다 전문가들이 존재하여, 리더에게 해당 분야에서 각기 나름의 전략을 제공하고 있습니다.

성공한 리더들은 평소에 마음을 같이하는 조언자들과 친분을 잘 유지하며 그들의 조언을 적절히 활용합니다. 그것은 건강을 지키기 위해 꾸준히 운동하고 병원을 자주 다니며 예방하는 것과 다르지 않습니다.

실패한 리더에게는 책사, 즉 전문가가 없습니다. 그들은 웬만히 몸이 아파도 병원에 가지 않고 미련하게 버티다 건강을 놓치는 사람처럼, 적절한 때에 적절한 전문가의 도움을 받지 못합니다. 그것은 대체로 리더의 게으름이나 자만 혹은 오판 때문입니다. 지혜로운 책사가 그를 알아주는 리더를 만나지 못해 재능을 발휘하지 못하는 것도 안타까운 일이지만, 큰 뜻을 가진 도전적인 리더가 적절한 책사를 만나지 못해 뜻이 좌절되거나 포부를 더 크게 펼치지 못한다면 그것은 진정한 낭패가 아닐 수 없습니다.

조언자의 태도에 대하여

태도는 능력과 마음이 어우러진 모습이라고 할 수 있습니다. 태도는 사람의 행동과 성격을 결정하는 중요한 요소입니다. 태도가 좋으면 사람들과 잘 어울리고, 성공할 가능성이 높아집니다. 반면 태도가 나쁘면 사람들과 갈등을 일으키고, 실패할 위험이 커집니다.

태도의 중요성을 강조하는 경구(aphorism)가 여럿 있습니다. 예를 들어, '태도는 천부'라는 말은 태도가 타고난 것이라는 뜻 같지만, 태도는 노력으로 바꿀 수 있다는 것을 의미합니다. '태도는 인생'이라는 말은 태도가 인생의 방향과 결과를 결정한다는 것을 의미합니다. '태도는 행운'이라는 말은 태도가 기회와 성공을 만들어 낸다는 것을 의미합니다.

태도를 바꾸는 방법은 무엇일까요? 태도는 마음가짐(마인드셋)과 습관에 영향을 받습니다. 따라서, 긍정적인 마음가짐을 가지고, 좋은 습관을 만들어야 합니다. 긍정적인 마음가짐은 자신감과 희망을 주고, 문제를 해결하는 능력을 키웁니다. 좋은 습관은 자기관리와 책임감을 갖게 하고, 목표를 달성하는 데 큰 역할을 합니다.

태도는 능력과 마음이 어우러진 모습입니다. 태도는 우리의 인생을 바꾸는 힘이 있습니다. 태도가 좋은 사람은 누구나 존경받고, 사랑받고, 성공할 수 있습니다. 태도가 나쁜 사람은 누구나 멸시받고, 혐오받고, 실패할 수 있습니다. 우리는 어떤 태도를 가질 것인가에 따라, 어떤 인생을 살 것인가를 결정할 수 있습니다. 태도를 바꾸는 것은 쉽지 않지만, 가능한 일입니다. 우리는 노력하고, 배우고, 성장하면서, 더 좋은 태도를 가질 수 있습니다. 태도는 우리의 선택입니다. 우리는 어떤 선택을 할 것인가요?

智者千慮 必有一失
愚者千慮 必有一得
지혜로운 사람도 천 번을 생각해도 한 번은 실수하고
어리석은 사람도 천 번을 생각하면 한 번은 얻는 것이 있다.

선택의 전후에 심사숙고해야 하는 태도입니다.

조언자인 그대에게 질문합니다

1. 그대가 조언하는 대상의 미션과 비전을 얼마나 이해하나요?

2. 그대가 조언하는 대상자의 강점을 알고 있나요?

3. 그대는 대상자가 관여하는 영역에 대한 전문성을 갖고 있나요?

4. 그대는 대상자와 얼마나 친밀감을 갖고 있나요?

5. 그대는 조언자로서 상대와 예측할 수 없는 갈등이 발생하면 어떻게 풀어나갈 것인가요?

3장

동반자

: 상대를 존중하고 믿어라

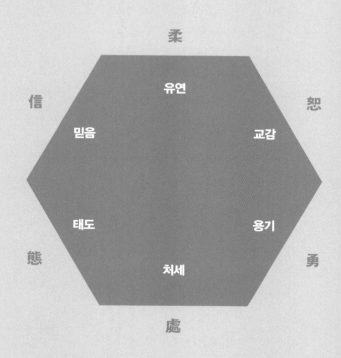

관계의 근육

"모래보다 더 많은 것이 있다.
모래와 모래 사이다."_이문재 시,「사막」

사이에 흐르는 근육,
관계이다.
같이 밥 먹은 사이에서도
질투가 있고, 연민도 있다.
방연과 손빈, 소진과 장의
관중과 포숙이 그러하다.
이 시대에도 그러한 이들이 많이 있다.

"더불어 사는 세상은 나로부터 시작된다.
나의 중심은
충(忠)으로 바로 세우고
인간관계를
믿음(信)으로 완성하는 것이다.

통증이 있어야 몸을 느끼게 되듯
통증이 있어야 관계를 생각해보게 된다.
느껴지지 않아야 몸이 건강하듯
느껴지지 않은 관계는 건강한 관계다.

질투에 눈먼 자에게 돌아온 화살 : 방연

– 나르시시스트의 종착역

[장면 1] (손빈과 방연은 귀곡 선생 문하생으로 동문이다. 둘은 다른 제자보다 두드러진 재능을 보인다. 어느 날 귀곡 선생이 이전에 설명했던 병법에 대해 질문한다.)

"군사의 다섯 가지 요소는 무엇인가?"

"도, 천, 지, 장, 법(道天地將法)입니다."

선생이 손빈과 방연에게 한 가지를 고르고 그 중요성과 활용법을 묻는다.

방연이 먼저 답한다.

"저는 법을 골랐습니다. 법은 규율과 명령으로 군사의 질서에 영향을 미칩니다. 법으로 군사의 해동을 잘 제어해야 합니다."

"저는 도를 골랐습니다. 도는 사명과 목적으로 군사의 마음과 정신에 영향을 미쳐 하나가 되게 합니다. 군사의 마음을 잘 움직여야 강한 군사가 됩니다."

　손빈은『손자병법』을 저술한 손무의 후세 자손이었다.
　방연은 이미 손빈이 자신보다 뛰어나다는 것을 알고, 그를 질투하고 시
기했다.

　　[장면 2] (방연이 먼저 산을 내려가 위나라에서 크게 성공하여 장군이 된다. 위나라 승상은 위왕의 지
　　　　지로 높은 직책에 오른 방연을 견제하기 위해 동문수학했던 손빈을 초청해 등용한다.)

"손빈은 적국의 첩자입니다."

　손빈이 오자 방연은 자신이 손빈에 미치지 못할 것이 두려워, 누명을 씌
워 두 발을 자르는 형벌을 가하여 숨어서 나오지 못하게 한다.

　　[장면 3] (제나라 사신이 왔을 때, 손빈은 사신에게 유세하니, 그를 알아보고 수레에 태워 제나라로
　　　　갔다. 제나라 장수 전기가 손빈의 재능에 감탄하여, 제나라 왕에게 추천하여, 마침내 손빈
　　　　을 군사로 삼았다.)

[장면 4] (그로부터 10년 후, 손빈은 제나라 군대와 함께 위나라를 치러 간다. 그때 방연과 그가 이끄는 군대는 다른 나라를 공격하다 제나라가 국경을 넘었다는 소식에 급히 돌아오고 있었다. 군사인 손빈이 장군에게 계책을 내놓는다.)

"방연은 제나라 군을 겁쟁이라 깔보고 있습니다. 전쟁을 잘하는 자는, 적의 형세를 이용하여 자기 쪽에 유리하게 만듭니다. 우리 군이 겁쟁이인 것처럼 가장하여 유리한 지형에 그들을 끌어들여야 합니다. 제나라 군이 위나라 국경을 넘으면 10만 명이 밥을 먹을 아궁이를 만들게 하고, 후퇴하면서 다음 날에는 5만 명, 그다음 날에는 3만 명만큼 아궁이를 만들도록 하십시오."

[장면 5] (손빈이 도망가는 척하는 계책에 걸려든 방연은 보병을 뒤로한 채, 기병만을 거느리고 도망가는 손빈의 군대를 깊숙이 추격한다.)

"오늘 방연은 이곳에서 죽는다."

(밤중에 골짜기에 이른 방연은 넓은 공간에 나무 한 그루만 서 있는 것을 발견한다. 중간 위치에 껍질이 벗겨져 있었다. 무언가 쓰여 있는 글이 있어, 읽기 위해 횃불을 밝히자, 사방에서 화살이 날아왔다. 질투의 화신 방연이 자기 함정에 걸린 것이다.)

"손빈은 적국의 첩자입니다."
방연의 질투로 동문인
손빈은 두발이 잘린다.

잔인하고 범람하는 물에
쓸려 버린 나르시시스트

　방연과 손빈은 귀곡자에게 가르침을 받았습니다. 방연이 먼저 위나라 혜왕의 장군이 되었습니다. 방연이 위나라에서 승승장구하자 위나라 재상이 방연을 견제하기 위하여 손빈을 초청하였습니다. 하지만 방연은 동문수학할 때 손빈의 재능이 우월하다는 것을 알았습니다. 방연의 질투심은 타올랐고 혜왕에게 손빈이 제나라와 은밀히 내통한다고 모함하여, 결국 손빈은 두 다리가 잘리는 형벌을 받게 되었습니다. 제나라 사신이 위나라에 와서 감금 상태에 있던 손빈을 수레에 실어 제나라로 데리고 갔습니다. 제나라 장군 전기는 손빈을 매우 존중하여 제나라 위왕에게 추천하여 제나라 군사로 임명받았습니다.

　방연(龐涓)은 전쟁 전략가로 재능이 있었지만, 기질이 교활하고 야심이 많았으며, 자신의 위치와 명성을 유지하기 위해 어떤 수단도 마다하지 않는 성격이었습니다. 방연은 지략과 전술에 뛰어난 재능을 가지고 있었으나,

그 재능을 자신의 이익을 위해서는 어떠한 수단도 서슴지 않는 비열함을 갖고 있었습니다.

  기원전 341년, 위나라와 제나라의 계릉전투에서 오만했던 방연은 손빈의 계책에 걸려 빗발치는 화살 아래서 스스로 목숨을 끊었습니다. 재능은 있지만 질투가 어떻게 개인의 운명을 좌우할 수 있는지를 방연의 삶에서 엿볼 수 있습니다.

질투의 화신과 잘 지내는 법

나르시시즘은 자기중심적인 성격 특성을 가진 사람을 뜻합니다. 나르시시스트는 지배 욕구가 강해서 타인을 통제하려 하고, 적절한 선을 못 지키고, 위선적이고, 책임 회피를 하는 등 여러 성격 특징이 있습니다. 이들은 자기애적 성격이 건강한 수준에 가까운 사람도 있고 정신병적 수준으로 심한 자기애성 성격 장애를 가진 사람도 있습니다.

피할 수 없는 질투 대처법

나르시시즘 성격을 가진 사람들과 함께 지내는 것은 어려운 일이나, 다음과 같은 방법을 통해 그들과의 관계를 관리할 수 있습니다.

1. 나르시시스트의 자기중심적인 행동에 대해 경계해야 합니다.나르시시스트는 자기중심적인 행동을 보이기 때문에, 나르시시스트라고 인지하고 그들이 다른 사람들을 통제하려는 것을 인식하고, 그들의 행동에 대해 경

계해야 합니다.

2. 나의 감정을 정확히 표현하도록 합니다.나르시시스트는 다른 사람들의 감정을 인식하지 못하거나 무시하기 때문에, 자신의 감정을 표현하고, 그들이 자신의 감정을 이해하도록 도와야 합니다.

3. 그들의 요구에 대해 '아니오'라고 분명히 말합니다. 나르시시스트는 자신의 요구가 항상 받아들여진다고 생각하기 때문에, 그들의 요구에 대해 '아니오'라고 명확히 말하는 것이 중요합니다.

4. 그들과의 관계를 끊을 수 있는 선택권을 항상 유지하도록 합니다. 나르시시스트와의 관계가 너무 힘들다면, 그들과의 관계를 끊을 수 있는 선택권을 유지하는 것이 중요합니다.

이러한 방법을 통해 나르시시스트와의 관계를 관리할 수 있습니다. 그러나 만약 그들의 행동이 너무 심각하다면, 전문가와 상의하여야 합니다.

손빈의 선택지

손빈은 방연에 대해 다음과 같이 대응할 수 있습니다.

1. 방연이 자신을 시기하는 나르시시스트라고 인지하고, 경계선을 설정한다.
2. 거리를 두고 피한다. 간결한 대화를 유지하고 감정 조절을 한다.

3. 피하지 못할 상황이라면

    1) 상황을 예측하고 미리 조정하고 대비한다.(Situation Modification)

    2) 방연보다 더 높은 자리를 확보하여 환경을 변화시킨다.(Attention Change)

4. 권력과 명예에는 관심 없다는 보잘것없는 모습을 보여주고, 진면목을 감춘다.

질투와 믿음의 역학

질투의 반대말은 일반적으로 '기쁨' 또는 '행복'으로 표현할 수 있습니다. 질투는 다른 사람의 성공이나 행복에 대해 부정적인 감정을 느끼는 것이므로, 그 반대는 다른 사람의 성공이나 행복을 진심으로 기뻐하는 감정이 됩니다.

관계에서 질투의 감정을 막기 위해 중요한 요소는 여러 가지가 있습니다:

믿음: 서로를 믿는 것은 관계의 기본입니다. 상대방이 자신을 배신하지 않을 것이라는 확신이 있으면 질투의 감정이 줄어듭니다.

의사소통: 솔직하고 개방적인 의사소통은 오해와 불신을 줄이는 데 도움이

됩니다. 서로의 감정과 생각을 자주 공유하면 질투가 발생할 가능성이 낮아집니다.

자존감: 개인의 자존감이 높을수록 타인의 성공이나 다른 관계에 대해 불안해하지 않습니다. 자신의 가치를 인정하고 스스로를 긍정적으로 평가하는 것이 중요합니다.

경계 설정: 각자의 개인 공간과 시간, 그리고 서로의 경계를 존중하는 것이 중요합니다. 지나치게 의존적인 관계는 질투를 유발할 수 있습니다.

긍정적인 관계 경험: 함께하는 시간 동안 긍정적인 경험을 많이 쌓는 것도 중요합니다. 이는 서로에 대한 신뢰와 애정을 강화시킵니다.

공동 목표: 공통의 목표나 꿈을 설정하고 이를 함께 이루어나가는 과정에서 유대감이 강해집니다.

이런 요소들을 잘 유지하고 발전시키면 관계에서 질투의 감정을 줄이는 데 큰 도움이 될 것입니다.

그대에게 이런 우정 있는가? : 관포지교

– 관포지교의 주인공

자로(子路)가 말하였다.

"환공(桓公)이 공자 규(公子 糾)를 죽이자 소홀(召忽)은 그를 위해 따라 죽었고 관중(管仲)은 죽지 않았으니, 인(仁)하지 않다고 말해야 할 것입니다."

공자께서 말씀하셨다.

"환공(桓公)이 제후(諸侯)들을 규합하되 무력(武力)을 쓰지 않은 것은 관중(管仲)의 힘이었으니, 누가 그의 인(仁)만 하겠는가?"

이어서 공자께서 말씀하셨다.

"관중(管仲)이 환공(桓公)을 도와 제후(諸侯)의 패자(者)가 되게 하여 한 번 천하(天下)를 바로 잡아서 백성들이 지금까지 그 혜택을 받고 있다. (중략) 어찌 관중(管仲)이, 필부(匹夫) 필부(匹婦)들이 작은 신의(信義)를 지키기 위해 스스로 목매어 죽어서 시신이 도랑에 뒹굴어도 아무도 알아주는 이가 없는 것과 같이하겠는가?"

― 『논어』, 「헌문」 17, 18장

관중은 제환공의 맞은편에 서서 싸우다 모시던 '공자 규'가 죽었는데도 살아남아 적이었던 제환공의 승상이 되어 패업을 이루도록 도왔는데, 공자께서는 관중이 죽음을 택하지 않은 것을 나무라지 않고, 후일 그가 세운 공을 칭찬했습니다.

『논어』, 「헌문·팔일」, 그리고 「공야장」 등에 정치적 능력과 덕성을 겸비한 인물로 여러 차례 등장하는 관중은 관포지교의 주인공입니다.

관중은 제나라 환공을 도와 중원을 호령하게 했던 핵심 참모로 40여 년간 자리에 있으면서, 위대한 정치가이며 훌륭한 현자의 모습을 보여준 명재상이었습니다. 이러한 관중은 관포지교(管鮑之交)의 주인공으로 그의 친구 포숙을 빼놓을 수 없습니다.

"나를 낳은 이는 부모지만, 나를 알아준 이는 친구 포숙이다."

어린 시절부터 포숙과 친구였는데, 포숙은 관중의 현명함을 잘 알고 있었습니다. 가난했던 관중은 친구 포숙을 잘 속였는데, 속은 일을 따지지 않고 늘 그를 잘 대해 주었으며, 속인 일에 대해서도 입 밖에 내지 않았습니다. 관중의 계책으로 제나라 환공이 제후들을 규합하여 패자에 오른 후에, 관중은 이렇게 친구 포숙에 대해 이렇게 회상했습니다.

"나는 가난했던 시절에 포숙과 같이 장사한 적이 있었다. 그때 이익을 나눌 때 내가 더 많이 차지하고 했으나 포숙은 나를 탐욕스럽다고 하지 않았다. 내가 가난하다는 것을 알았기 때문이다. 한번은 내가 포숙을 위해 일을 꾸미다가 실패하여 도리어 그를 더욱 곤궁하게 했는데도, 그는 나를 어리석다고 하지 않았다. 시운에 따라 유리한 때와 불리한 때가 있음을 알았기 때문이다. 나는 세 번이나 벼슬길에 나갔다가 세 번 쫓겨났지만 포숙은 나를 부족하다고 하지 않았다. 내가 때를 만나지 못했음을 알았기 때문이다. 나는 세 번 싸워 모두 패하고 도망쳤지만 포숙은 나를 겁쟁이라 하지 않았다. 내게 늙으신 어머니가 있음을 알았기 때문이다. 왕위를 놓고 공자(公子) 규가 패했을 때 친구인 '소홀'은 죽고 나는 붙잡혀서 욕된 몸이 되었다. 그러나 포숙은 나를 염치없는 자라고 하지 않았다. 그것은 내가 눈앞의 명예는 중시하지 않지만 천하에 이름을 떨치지 못함을 수치로 여김을 알았기 때문이다. 나를 낳은 이는 부모이지만, 나를 알아준 이는 친구 포숙뿐이다."

"능력 있는 자의 일을 대신하려 하지 말 것이며,
아랫사람의 구체적인 일에 간섭하지 말라."

원수의 편에 있었던 관중을 포숙이 천거하자, 재상으로 맞아들이는 자리에서 제 환공은 슬쩍 질문으로 그를 인터뷰합니다.

"술과 향락을 좋아하는 내가 어떻게 하면 패주가 될 수 있겠소?"

관중이 대답합니다.

"우선 지인(知人)하십시오. 사람을 아셨으면 용인(用人)하십시오.
사람을 쓰되 중용(重用)하십시오. 소중하게 쓰라는 말씀입니다.
중용하셨으면 위임(委任)하십시오. 그러면 됩니다."

제환공은 관중이 제시하는 '힘을 실어주는 리더십(Empowerment Leadership)'
으로 춘추시대의 최초의 패자가 됩니다.

포숙은 관중을 환공에게 천거한 후 관중의 아랫자리에 있으면서, 환공을 받들었습니다. 세상 사람들은 관중의 현명함을 칭찬하기보다는 사람을 알아보는 포숙을 더 칭찬했습니다.

다 계획이 있었던 Two Brothers : 소진과 장의
– 합종연횡의 주인공들

"나는 장의 그가 작은 이익을 탐내어 큰 뜻을 이루지 못할까 염려스럽네. 그래서 일부러 그를 불러다 모욕을 주어 그의 뜻을 북돋운 것일세."
– 『장의열전』

"소진은 이미 고위 관직에 올랐으니, 선생께서는 어찌 소진에게 가서 선생의 염원을 이루도록 청해보지 않으십니까?" 장의는 이에 조나라고 갔고, 명함을 올리면서 소진을 만나길 요청하였다. 이에 소진은 문지기에게 장의가 들어오지도 못하고 떠나지도 못하도록 일러두었고, 그렇게 수일이 지났다.

이윽고 장의는 소진을 만나게 되었는데, 소진은 장의를 대청 아래에 앉히고 노비들이 먹는 음식을 내려주었다. 그리고 하나하나 꾸짖으며 말하기를, "자네와 같은 재능을 갖고서, 어찌 스스로 이렇게 곤욕스러운 지경에 이르도록 하는가. 내 어찌 임금에게 자네를 천거하여 부귀하게 만들 수 없겠느냐마는, 자네는 거두어들이기에 충분하지 않네."

소진은 장의의 청을 무시하고 자리를 떠났다. 장의가 소진을 만나러 올 때에는 오랜 벗에게서 도움을 얻고자 왔으나, 도리어 모욕을 당하고 강하게 자신을 채찍질했다.

소진이 장의를 진의 재상이 되도록 자극합니다.
주저앉을 수도 있었던 친구의 내적 동기를 강화하는 계략이었습니다.

금란지교(金蘭之交)

공자(孔子)께서 말씀하셨다. "군자(君子)의 도(道)는 나가 벼슬하고, 물러나 집에 있으며, 침묵(沈默)을 지키지만 크게 말한다. 두 사람이 마음을 하나로 하면 그 날카로움이 쇠를 끊고, 마음을 하나로 하여 말하면 그 향기(香氣)가 난초(蘭草)와 같다.(同人 先號 而後笑 子曰 君子之道 惑出惑處 惑默惑 語 二人同心 其利斷金 同心之言 其臭如蘭)"
－「계사전」 상

Two Brothers, 소진과 장의

일찍이 소진과 함께 같은 선생으로부터 유세술을 배웠던 장의는 학업을 마치자 유세하러 천하를 떠돕니다. 어느 날은 초나라 재상들과 술자리를 가지게 되었습니다. 장의는 잘하면 초나라에 등용될 수도 있을 기회라 생각했는데, 행운은 찾아오지 않았습니다. 초나라 재상이 구슬을 잃어버리자 장내에 있던 사람들이 평소 장의의 손버릇이 좋지 않다고 모함을 해버린 것이지요. 흠씬 두들겨 맞은 장의가 피떡이 된 채 집으로 돌아오자 속상한 부인이 타박을 합니다. 그러자 장의는 뜬금없이 이렇게 말합니다. "내 혓바닥이 아직 붙어 있는지 보아주시오!" 수백 번 매를 맞아서 온몸이 상해도 혓바닥만 온전하다면 자신이 갈고닦은 유세술로 오늘의 치욕을 갚는 것은 물론이고 천하를 좌지우지할 수 있다는 자신감이 있었던 것입니다.

일어날 수 있도록 모욕으로 힘을 준 친구, 소진

이후 장의는 이미 조나라의 재상이 된 소진을 만나길 요청했습니다. 이에 소진은 문지기에게 장의가 들어오지도 못하고 떠나지도 못하도록 하라고 일러두었고, 그렇게 수일이 지났습니다. 장의는 겨우 소진을 만나게 되었는데, 소진은 장의를 대청 아래에 앉히고 노비들이 먹는 음식을 내려주었습니다. 그리고 하나하나 꾸짖으며 말하기를, "자네와 같은 재능을 갖고서, 어찌 스스로 이렇게 곤욕스러운 지경에 이르도록 하는가. 내 어찌 임금에게 자네를 천거하여 부귀하게 만들 수 없을까마는, 자네는 거두어들이기에 충분하지 않네." 소진은 장의의 청을 사양하고 자리를 떠나버렸습니다. 장의는 오랜 벗에게서 도움을 얻고자 소진에게 왔으나, 도리어 모욕을 당하니 화가 났습니다. 하지만 소진은 장의의 자존심을 건드려 스스로 분발하게 한 것이었습니다. 그리고 소진은 심복을 붙여 장의가 진의 재상이 되도록 은밀하게 뒤를 도와주었습니다. 장의는 진의 재상이 되고 나서야 소진의 마음을 알게 되었습니다. 장의는 "나는 소진이 살아 있는 한 정치적 활동을 하지 않겠다."라고 말합니다. 그러나 기다렸다는 듯이 초나라 재상에게 한마디합니다.

"지난날 내가 당신과 술을 마셨을 때 나는 당신 구슬을 훔치지 않았건만 당신은 나를 매질하였소. 이제 당신 나라를 잘 지키시오. 나는 당신 나라의 성읍을 훔칠 것이오."

얼마 후, 진나라가 제나라를 치려고 하자 제나라와 초나라가 합종을 맺어서 대항했습니다. 그러자 '안티−합종 로비스트' 장의가 초나라로 향했습니다. 진나라를 위해 제나라와 초나라의 합종을 끊는 동시에 개인적인 앙갚음을 하기 위해서였죠. 초나라에서는 장의가 보낸 협박문은 새까맣게 잊어버렸는지 장의를 국빈으로 대우합니다. 초회왕이 손수 장의를 맞이한 뒤 가르침까지 구한 것입니다. 눈치 빠른 장의는 단번에 상황이 자신에게 유리하게 돌아가고 있음을 알고 세 치 혓바닥으로 초회왕과 신하들을 휘어잡기 시작합니다. 이렇게 소진의 합종과 장의의 연횡이 전국시대를 가로질렀습니다. 처음에는 소진의 합종책이 먼저 수행되었으나, 이후 장의의 연횡

책이 6국의 약점을 파고들어 진나라 통일의 외교적 초석이 되었습니다.

소진의 합종, 장의의 연횡

춘추시대를 지나 전국시대에는 서쪽의 진(秦)나라와 동쪽의 한(韓), 위(魏), 조(趙), 연(燕), 제(齊), 초(楚) 여섯 나라, 이렇게 7국이 경합합니다. 이때 조나라 제상 소진은 강대국인 진나라를 제외한 6국을 종으로 묶어 진나라를 포위하려 합니다. 그러한 합종을 한 6국의 제후들은 각기 자기 나라의 이익에만 집착할 뿐 합종의 비전은 없었습니다. 숨은 약점을 살펴보지 못한 느슨한 연대였습니다. 당시 진나라는 개방정책을 앞세워 천하의 인재들을 불러 모았습니다. 진나라의 재상이 된 장의는 이 약점을 파고들어 합종 동맹을 무너트리는 3단계 전략을 세웁니다. '먼저 조나라를 들어낸 뒤, 한나라를 멸망시키고, 두 번째로 초와 위나라를 신하로 삼은 뒤, 마지막으로 제와 연나라와는 거짓 외교로 친교를 맺은 뒤 종국에는 모두 굴복시키는 것이었습니다. 장의에게는 다 계획이 있었습니다.

다 계획이 있었다

강대국에 맞서 약소국들이 동맹을 맺는 것이니 오늘날 말하는 균형 동맹이라 하고, 최강국에 붙어 동맹을 맺어 천하를 나눠 갖는 것이 좋다고 하는 것을 편승 동맹이라고 합니다. 사마천은 그의 저서에서 소진이 여러 약자를 규합하여 하나의 강국 진나라에 대항하였다면, 장의는 진나라의 강력한 세력에 의지해서 설득과 위압을 동원해 6국을 파고 들어가 마침내 통일 진나라를 완성시켰다고 했습니다. '현명한 사람은 역사에서 배우고 어리석은 사람은 경험에서 배운다.'라는 교훈이 있습니다.

Two Brothers 스토리에서

모택동은 두 친구의 이야기를 읽고, "사람은 역경이 없으면 진보할 수 없다"는 소감을 남겼다고 합니다. 그도 한때 권력의 중심에서 밀려났던 일이 떠올랐기 때문일 것입니다. 그러나 친구에 대한 진정한 사랑과 연민이 없었다면 가능할 수 없었습니다. 또한 장의가 스스로 자존감을 잃지 않고 나아갈 수 있었던 분발하는 회복탄력성이 없었다면 '합종·연횡'이란 성어도 불가능했을 겁니다.

사람은 관계 사이에 있다

한 스님이 경청화상(鏡淸和尙)에게 물었다.

"제가 줄(啐)하면 대사께서 탁(啄)해주시기 바랍니다."

경청화상이 말했다.

"그러면 활발한 참된 깨달음을 얻을 수 있겠는가?"

스님이 말했다.

"제가 못 깨달으면 대사께서 사람들의 비웃음을 얻게 될 것입니다."

경청화상이 말했다.

"얼빠진 놈."

선종 어록『벽암록』에 줄탁동시(啐啄同時)라는 말이 있습니다. 병아리가 알을 깨고 나오기 위해서는 병아리가 안에서 껍질을 쪼는 행동인 줄(啐)과 밖에서 어미 닭이 껍질을 쪼는 행동인 탁(啄)이 동시에 이루어져야 한다는 것입니다.

스테이크 하우스의 줄탁동시

청담동에 위치한 'W스테이크 하우스'에 다녀온 사람들은 스테이크의 맛이나 분위기를 말하기에 앞서 친절함이 몸에 밴 종업원의 접객 태도를 칭찬합니다. 다녀온 사람들은 매뉴얼이 아닌 '자발적인 마음'을 받았다고 한결같이 말합니다. 그들이 맺는 손님과의 관계가 과업의 대상이 아닌, 사람이란 존재로의 만남이었기 때문이었습니다. 존재로 만난다는 것은 '되어진 것'의 만남이 아닌 '되어지는(Being)' 중에 만난다는 것입니다. 그래서 모두 같지 않고, 또 머무는 시간 내내 한 번도 멈추지 않아서, 손님을 주의 깊게 관찰해야 합니다. 존재로 만나기 위해서는 방문자의 감정을 놓치지 않아야 하기 때문입니다. '자발적 마음'의 근원은 바로 감성지능으로 충만한 셀프 리더십(self-leadership)이었습니다. 그리고 그러한 마음을 발현시키고 유지하려는 CEO의 지속적인 관심이 있었으리라 짐작합니다.

"딸아, 용기를 내어라.

네 믿음이 너를 구원하였다."

－『마태복음』 9:18-26

예수님께서 열두 해 동안 혈우증을 앓던 여인의 병을 고쳐주셨습니다. 그런데 당신의 능력으로 치유해 주셨음에도 불구하고 "내가 너를 낫게 하였다." 하지 않으시고, "네 믿음이 너를 구원하였다."라고 하십니다. 믿음과 간절함으로 '준비된' 마음 안에서만 당신의 능력을 발휘하게 하시는 것입니다. 자신의 한계를 알고(self-awareness) 새로운 삶의 갈망(self-motivation)이 충만하면, 밖에서 기다리고 있던 어미 닭이 병아리가 부리로 쪼는 것을 찾아 밖에서 함께 쪼아 주는 것처럼, 우리가 나아가려는 세상의 단단한 알껍질은 깨지고 비로소 새로운 세상을 만나게 됩니다.

관계란 만나는 방식입니다. 이질적인 부분까지 조절하면서 나아가 포용해야 하는 실존의 문제입니다. 포용하려면 다른 사람의 상황을 정확히 인식할 수 있는 감정이입(empathy)이 있어야 합니다. 알 밖에서 줄(啐)하는 소리에 귀 기울여야 합니다. 그런데 알 속에서 아무 기적이 없으면 어떻게 해야 할까요?

子貢問友. 子曰 : "忠告而善道之,不可則止, 無自辱焉."
자공이 공자께 물었다.
"벗이란 무엇입니까?"
"충심으로 일깨우고 완곡하게 이끌어야 한다.
듣지 않으면 그만둔다. 그러면 자신에게 욕이 되지 않는다."

자공이 공자께 벗(동료)이 무엇이냐고 물었습니다. 그들과의 관계를 어떻게 해야 하느냐고 묻고 있는 것입니다. 공자는 충심으로 일깨우고 완곡하게 이끌어 주어야 한다고 말합니다. 가르치려 하지 말고 그가 깨어나도록 질문하고 인정하고 지지하라고 하는 겁니다. 단점을 지적하지 말고 긍정적으로 부교감신경을 자극하라고 합니다. 진정한 충고(advice)는 측은지심의 발현으로 작동되어야 합니다. 그런데 공자의 뒷말은 그러한 면에서 이해하기 어렵습니다. "듣지 않으면 그만두어라. 그래야 욕되지 않는다." 왜 '욕된다'고 했을까요? 이 상황은 아직 서로 신뢰가 쌓이지도 않는데 그 사람을 일깨워 주려 하면, 받아들이는 사람은 괜한 잔소리나 한다는 것입니다. 신뢰 관계 형성 없이 충고하면 '지적 질'이 된다고 하는 거지요. 그러니 줄탁(啄)의 전제는 서로 간의 신뢰를 쌓아서 그가 스스로 움직일 수 있도록 해야 하는 것입니다. 신뢰를 쌓으려면 상호 관계가 마땅해야 합니다. 서로가 마땅함을 느끼려면 내 마음이 사사로움으로 지레짐작하여 계산하지 않고, 있는 그대로 보여 주어야 합니다. 서로의 상식이 만나는 지점이라고나 할까요?

'W스테이크 하우스'에 가면 손님과 종업원의, 또 종업원과 리더의 마땅함이 만나는 지점을 경험할 수 있어 푸근함을 느끼는가 봅니다. 그들이 그에게로 가서 꽃이 된 거지요. 그렇게 자연스럽게 피어난 꽃은 무리하지 않아서 교만하지 않습니다.

企者不立, 跨者不行. 自見者不明, 自是者不彰.

(기자불립, 과자불행. 자견자불명, 자시자불창.)

발뒤꿈치를 들고 서 있는 사람은 오래 서 있지 못하고,

큰 걸음으로 걷는 사람은 오래 걷지 못한다.

자신의 관점으로만 보는 사람은 진정한 인식에 도달하지 못하고,

자신이 옳다고만 하는 사람은 빛나지 못한다.

―『도덕경』 24장, 노자

안달하지도 않고 조급해하지 않는 성숙함은 현실적 자아와 이상적 자아를 하나로 만듭니다. "얼빠진 놈"이 되지 않기 위해선 무언가 이루어도 잘난 체하지 않고(爲而不恃), 성장 후에도 그곳에 머무르지 않고(長而不宰) 또 변화를 시도합니다. 마지막까지도 시작하는 것같이 행하는 사람은 하늘과 땅처럼 오래오래 지속(持續)되는 것이지요.

믿음이 없으면 설 수 없다

자공이 정사에 대해 묻자, 공자께서 말씀하셨다. "식량을 풍족하게 하고, 군비를 충족하게 하며 백성이 믿게 하여야 한다." 자공이 물었다. "만부득이 이 한 가지를 버려야 한다면 무엇을 먼저 버립니까?" 공자께서 "군비(병력)를 버려야 한다." 자공이 말하기를, "만부득이 버려야 할 경우 나머지 둘 중에서 무엇을 먼저 버립니까?" 물었다. 공자께서 말씀하시길,

"식량을 버려라. 자고로 사람은 모두 죽는다.
그러나 백성들의 믿음이 없으면 나라가 존립할 수 없다."
曰 : 去食. 自古皆有死, 民無信不立.
왈 : 거식. 자고개유사, 민무신불립.

관계에 얽혀 살아가는 삶, 최고의 덕목은 믿음입니다

식량이 풍족하고 믿음이 깊으면 군대가 없어도 단단히 지킬 수 있다는

말씀입니다. 백성은 식량이 없으면 반드시 죽습니다. 그러나 죽음이란 사람이면 아무도 피할 수가 없습니다. 믿음이 없으면 비록 살아도 스스로 설 방법이 없으니, 죽어서 편안함만 못합니다. 따라서 차라리 죽을지언정 백성에게 믿음을 잃지 않아서 백성으로 하여금 차라리 죽을지언정 나에게 믿음을 잃지 않도록 해야 합니다.

千金散盡還復來 (천금산진환복래)

將進酒, 君莫停 (장진주, 군막정)

但願長醉不用醒 (단원장취불용성)

천만금을 다 써버리더라도 다시 얻을 수 있으리.

친구야, 술을 권하리니, 거절하지 말게나.

부디 오래 취해 깨지 말았으면 좋겠네.

— 이백 詩, 「장진주」에서 발췌

다 주어도 아깝지 않은 친구와 좋은 술을 나누어 마시며 지은 이백의 시에 취해 봅니다.

지속성의 엔진, 믿음

동반자인 그대에게 질문합니다

1. 그대의 동반자가 그대에게 어떻게 하면 자기 생각을
   좀 더 안전하게 말할 수 있을까요?

2. 그대가 그대의 동반자에게 드러내는 취약점이 어떤 이야기는
   괜찮고, 어떤 이야기는 선을 넘는 것일까요?

3. 그대의 동반자와의 관계에 장애물이 생겼을 때 어떻게
   극복하시겠어요?
   – 그 장애물이 하나는 예측 가능한 장애물이고
   – 또 하나는 예측 불가능한 장애물인 경우를 구분해서 말해주세요.

4. 그대가 예상 불가능한 장애로 동반자와의 관계를 망쳤다면
   다시 관계를 어떻게 회복할 수 있을까요?

3부

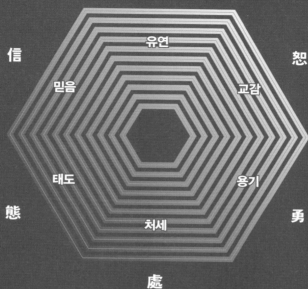

柔
　　유연

信　　　　　　恕
믿음　　　　　교감

태도　　　　　용기

態　　　　　　勇
　　처세

處

그들을 만나다

———

역사를 코칭하다

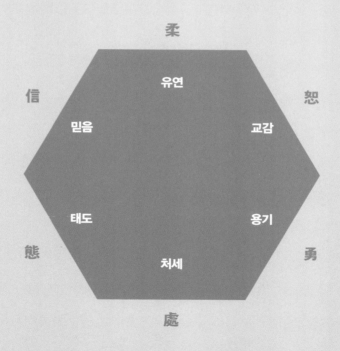

柔

유연

恕
信
믿음   교감

態
태도   용기

勇
處
처세

리더 코칭의 핵심은 '리더, 그 사람을 알라'이다

캐스팅 보트, 한신을 코칭하다

임여진 코치

해군교육사 코칭, 상담, 리더십 교수요원(교관)

한국코치협회 인증프로코치

한국상담학회 군경소방상담분과 해군 상담위원장

대한리더십학회 편집위원

교육학 박사, 전문상담사, 리더십코치

통합예술치료사, 음악심리상담사, 역할극전문가

번역서 공저『상담의 윤리학』

저서『리더십의 정석』

한신은 초나라 회음 사람이다. 한신에게는 과하지욕(下之辱 : 큰 뜻을 지닌 사람
은 쓸데없는 일로 남들과 옥신각신 다투지 않는다)이라는 사자성어가 따라다닌다. 회음 사
람 중에 한신을 업신여기는 한 젊은이가 한신을 모욕하며 "죽기를 두려워
하면 나를 찌르고, 죽음을 두려워하면 내 가랑이 사이로 기어나가라." 했
다. 한신은 분노가 치밀었으나 미래의 큰일을 위해 모욕을 참고 몸을 구부
려 가랑이 밑으로 기었다.

진시황이 주의 봉건제를 군현제로 바꾸고 수차례 순행 끝에 길에서 죽
자 진(秦)은 환관 조고의 횡포에 나라는 어지럽고 백성들은 피폐해졌다. 세
상이 어지러워지면서 "왕후장상이 씨가 따로 있느냐?" 하며 진승이 일어나
산하를 휩쓸고 있었고 통일을 이루었던 진나라에 반대하는 불길이 천하로
번지고 있을 때, 초나라 의병이 일어나자 한신은 항량의 부하가 되어 따라
나섰다. 이후 항량은 진의 장군 장한에게 대패하여 죽은 뒤 항우 밑에서 낭
중이 되었다. 몇 번 항우에게 계책을 올렸지만 번번이 무시당하고 항우의
닫힌 귀에 절망하던 중 유방은 여러 사람의 말을 잘 듣는다는 소문에 한신
은 유방이 항우의 명령으로 한중으로 들어갈 때 항우 군에서 빠져나와 유
방군에 끼어들었다. 이때 소하가 한신의 역량을 알아보고 유방에게 대장군
으로 천거했다.

대장군이 된 한신은 항우의 명령으로 한중에 갇혀 있던 유방에게 벗어는

길을 제안하는 계책을 내놓아 신임을 얻는다. 이후 정형전투에서 배수진(背水陣)이라는 전술로 1만의 한군으로 20만의 조군을 섬멸한다. 한편 항우와 유방이 형양을 중심으로 일진일퇴를 거듭하는 교착 상태에 있는 동안 한신은 제나라 장수 용저를 물리치면서 북벌을 마친다. 그러면서 한신은 한왕에게 사자를 보내 제나라 가왕으로 삼아 달라고 한다. 한왕은 언짢아하지만, 이른바 천하는 항우와 유방, 한신의 삼각 축으로 돌아가고 있었다.

이때 유방(한왕)은 초나라가 갑자기 습격하여 곤경에 빠져 한신의 도움을 기다리고 있었고, 항우(항왕)는 장수 용저가 한신에게 패하자 사신을 보내 한신을 설득해 유방을 배신하고 자기 사람을 만들려 했다. 한신이 과거 항왕은 써주지도 않았고 생각을 말해도 들어주지 않았던 정황을 들어 거절했다. 그러자 한신에 있었던 책사 괴통이 천하의 대권의 향방이 한신에게 있음을 알고 '천하삼분지계'로 한신의 마음을 움직이려 했다. 그러자 한신은 한왕이 자기를 알아봐 주어 대장군의 인수를 주고, 자기 수레도 태워주고, 자기 옷을 입혀주며 자기를 품었던 말을 하며, 자신의 공이 많으니 어떻게 의리를 저버리고 이익을 바랄 수 있느냐 하였다. 그러자 괴통은 하늘이 준 때가 이르렀는데도 과감하게 행동하지 않으면 도리어 재앙을 입는다고 재차 깊이 생각해 보라 한 번 더 설득하였지만 자신의 공이 많으니 한왕이 끝까지 자기를 버리지 않을 것이라 하며 어떻게 의리를 저버리고 이익을 바랄 수 있느냐 하고 계책을 망설이면서 괴통의 제안을 거절했다.

항우가 죽자 천하는 한고조의 나라로 안정이 되었다. 그때서야 한신은 유방(한왕)이 자기의 재능을 두려워하고 미워한다는 것을 알았다. 한나라 10년 거록에서 진희가 모반하자 한고조가 직접 장수가 되어 치러 나간 사이, 한신은 가신들과 짜고 여후와 태자를 습격하려고 했다. 이때 한신에게 죄지은 가신이 여후에게 한신이 모반하려 한다고 말했다. 여후는 진평과 상의하여 꾀를 내어 한신을 불러들여 목을 베었다. 한신은 죽어가면서 "괴통의 계책을 쓰지 않은 것이 안타깝다" 했다.

이를 두고 사람들은 말했다.

만약 한신이 겸양한 태도로 자기 공로를 뽐내지 않고 자기 능력을 자랑하지 않았다면, 괴통의 계책을 신중하게 숙고하여 받아들였다면, 한나라 통일 후 마음을 낮추어 한왕에 대한 초심의 자세로 유지하였다면 후세에 그는 좀 더 높이 평가되었을 것이라 하였다.

코치, 한신을 만나다

임여진 코치

국사무쌍(國士無雙)이란 나라에서 가장 뛰어난 인물로 더 이상 견줄 만한 자가 없는 것을 뜻하며, 국사무쌍은 한나라 때의 한신에게서 나온 고사성어이기도 하다.

코치 : 한신님, 지금 코칭 받으시기는 편안하실까요?

한신 : 예, 좋습니다. 나에 대해 대표적인 고사성어로 국사무쌍이라는 말을 떠올릴 수 있으니 오랜만에 옛 생각이 떠오르네요.

코치 : 그러셨군요. 먼저 말씀을 꺼내주셔서 감사합니다.

한신 : 아닙니다. 오랜 시간이 지나도록 나를 기억해 줘서 내가 고맙지요. 국사무쌍이라는 말을 들을 정도로 나는 당대의 가장 뛰어난 인물로 평가되는 내가 그 정도로 대단한 사람이었지요. 나는 항우 밑에 있었는데 그는 나의 재능을 제대로 인정해 주지 않아 고통스러워서 한나라의 유방 휘하로 들어갔지요. 그러나 유방에게도 인정을 못 받는 것은 한동안은 마찬가지였어요.

코치 : 한신님, 인정받지 못하는 상황에 여러 차례 놓이면 매우 힘든 상황이
    었겠네요. 고통스러우셨겠어요. 한신님. 그럼 어떻게 한나라에서 가
    장 뛰어난 인물로 견줄 만한 자가 없다는 뜻인 국사무쌍이란 말을 들
    을 수 있었나요?

한신 : 그렇게 질문을 하시니 다시 생각해 보게 되네요. 아마도 그 건 내 운
    명에서 결정적인 귀인인 두 사람을 만나서였다는 생각이 듭니다. 한
    분은 한나라의 장군 하우영과 또 한 분은 한나라 승상인 소하였습니
    다. 하우영 장군은 나의 재능을 일찍 알아보고 승상인 소하를 소개해
    주었고 소하는 나의 재능을 인정하였답니다. 언제쯤이더라… 이런
    일들이 있었답니다. 유방이 항우와의 싸움에서 불리한 조짐을 보이
    자하나둘씩 많은 신하와 장수들이 도망을 쳤고 그중에 나도 포함되
    었습니다. 그러나 소하가 곧바로 나를 쫓아와 내 마음을 헤아리며 달
    래주었고 다시 한나라로 올 수 있게 데리고 와 주었지요. 소하는 정
    말이지 귀한 은인이었습니다. 그때 유방은 소하마저 도망친 줄 알고
    있었는데 소하가 돌아오자 매우 반가워했고 도망친 이유를 물어봤
    는데 그때 소하가 한신을 찾아 나갔다 왔고, 한신은 실로 국사무쌍한
    인물이라고 말하면서 앞으로 한나라뿐만 아니라 천하를 꾀하려면 한
    신을 빼고는 생각할 수 없다고 조언을 한 일이 있었습니다. 나는 그
    로 인해 유방으로부터 대장군으로 임명되었고 그때부터 나의 숨겨진

재능을 천하에 펼치며 떨칠 수 있게 되어 매우 기세등등한 하루하루를 보냈고 당시는 마치 내 세상을 사는 것 같았습니다. 이야기 나누다 보니 그때가 너무 좋았기도 했고 어리석기도 했다는 생각이 동시에 드네요.

코치 : 와 그럼, 한신님, 하우영과 승상인 소하는 고객님의 삶에 큰 변화를 준 귀인이네요~

한신 : 맞아요. 그렇습니다. 고마운 사람들이죠.

코치 : 그런데 조금 전 한신님께서 그때가 너무 좋았기도 했고 어리석기도 했다는 생각이 든다고 하셨는데 그건 어떤 이유에서일까요?

한신 : 그건… 천하가 나를 인정할 정도로 기세등등한 시간을 보낼 때 그때 오히려 내가 좀 더 겸손한 자세로 상황을 바라보고 대처했다면 내 삶은 역사에 기록된 상황보다는 훨씬 나아지지 않았을까 하는 안타까운 마음이 들어서랍니다.

코치 : 한신님의 진솔한 마음을 나눠 주셔서 감사합니다.

한신 : 세상의 이치가 그런 것인데 내가 어리석게도 세상의 이치를 겸손히 받아들이는 자세가 부족했죠.

코치 : 한신님이 말씀하시면서 많은 아쉬움을 느끼시는 것 같다는 마음도 드

네요. 한 가지 여쭤봐도 될까요? 그런데 어떤 이유로 마지막엔 참살까지 당하시게 된 걸까요?

한신 : 음… (pause) 내가 반란을 공모했다는 모함을 받아 결국은 유방에게 참살을 당했죠. 유방은 소하가 나의 재능에 대한 조언을 해줘서 내 재능을 믿고 맡기긴 했지만 처음부터 나의 재능을 알아봐 준 사람은 아니었지요. 그리고 소하도 나를 대장군으로 만들어서 대인물로 성장할 수 있게 한 것은 맞지만 나중엔 여후에게 나를 처벌할 수 있는 방안까지 제시한 사람이기도 해서 나를 살리기도 하고 죽이기도 하는 사람이었죠. 마치 운명의 장난 같지요. 어쩌면 인생에서 적군도 아군도 없는 인생무상이라는 생각도 듭니다.

코치 : 한신님의 말씀을 들으니 인생무상의 허탈한 공허한 마음도 느껴집니다. 그렇다면 다시 그 시간으로 돌아가게 된다면 무엇을 하고 싶으신가요?

한신 : 글쎄요…. 그 당시를 회상해 보니… (pause) 나의 공로가 커지면 커질수록 오히려 유방의 질투를 불러일으키고 극도의 경계심을 불러 세우게 되었죠. 그 당시 난 젊고 능력 있었고, 절대 무적의 군사 전략가, 천하 대장군이었고 유방이 천하 통일을 할 수 있게 만든 사람이었죠. 그러

나 유방은 나를 일거수일투족이 최대의 관심사였어요. 결국 나의 친구이자 항우의 부하였던 종리매를 숨겨 준 사실이 알려지면서, 나는 초왕에서 회음후로 강직당하고 장안으로 호송 당했습니다. 그것은 시작에 불과했어요. 나는 '공이 높아 군주를 놀라게 한' 사람의 대명사였어요. 그리고 군사적인 능력도 뛰어났지요. 그러나 지금 와서 생각해 보니 대인관계, 정치적인 권모술수 등에 대해서는 저는 수준이 미치지 못한 것 같네요. 거기다 나는 어릴 적 너무 가난해서인지 그 가난했던 시절의 모습이 그대로 삶에 녹아 있어 대인으로서 풍모가 부족했을 수도 있겠다는 나 자신의 연민이 느껴지기도 한답니다.

코치 : 많은 어려움이 느껴지면서 가난했던 모습이 삶 속에 녹아 있어 대인으로서 풍모가 부족했을 수 있다는 말씀이 뭔가 제 마음도 찡하는 울림이 있습니다. 그럼 가장 아쉬운 점이 있다면 어떤 것이 떠오르세요?

한신 : 내가 겸손 겸양의 덕이 부족한 부분이 유방 등의 경계를 더 가속화했고 나 스스로 화를 불렀을 수도 있겠다는 생각이 드네요.

코치 : 한신님, 그럼 그 당시보다 많은 것을 변화시킬 수 있는 능력이 있다면 무엇을 먼저 하고 싶으신가요?

한신 : 좋은 질문이네요. 생각해 보니 나의 재능을 알아봐 준 소하와의 관계를 좀 더 돈독하게 잘 관리하고 싶네요. 내가 좀 더 소하와의 관계에서 그의 마음을 헤아리며 살아갔다면 지금과는 다른 결과를 얻었을

것 같습니다. 많은 아쉬움이 남네요. 삶을 돌이켜 보니 가난했던 그 어린 시절을 생각해 보며 순간순간 감사의 덕을 생각하며 살았다면 내 삶도 다른 결과가 있지 않았을까요? 코치님은 어떻게 생각하세요?

코치 : 충분히 그런 마음이 드실 것 같습니다. 그리고 또 한편으로는 한신님의 마음이 헤아려지기도 합니다. 비록 참살당하는 결과까지였지만 그 당시의 선택은 한신님의 입장에서는 최선이지 않았을까 하는 마음도 같이 드는데요. 한신님은 어떠세요?

한신 : 그렇게 말해주니 공감받은 것 같아 마음이 편해지네요. 오늘을 살아가는 젊은이들에게 한 가지 조언을 해 주고 싶군요.

코치 : 예, 어떤 조언을 하고 싶으세요?

한신 : 비록 나는 35살에 천하의 대장군으로 대업을 이루기도 했고 정치적으로 미하여 여인에게 참살당하는 것으로 인생을 마무리했으나 여러분은 나와 같은 실수는 하지 않기를 바랍니다. 이 시대를 살아가는 젊은이들은 나보다 더 현명할 테니 나 같은 실수를 하지 않을 것이라는 생각이 들기도 하네요. 한 가지 확실한 건 우리는 모두 단 한 번뿐인 삶을 살아가고 있다는 것이며, 누구에게나 공평한 건 시간이라는 사실입니다. "후회 없는 삶을 살아가라"고 이야기하고 싶네요. 더불어 가장 잘나간다고 생각되는 시기가 가장 내 자신을 경계해야 하는 시기라는 것도 말씀드리고 싶네요.

코치 : 저 또한 한신님의 조언이 큰 의미로 느껴집니다. 응원해 드리고 오늘 어려운 말씀 나눠주셔서 감사합니다.

한신 : 저도 코치님 덕분에 아쉬웠던 나의 삶을 돌아볼 수 있어 의미 있는 시간이었습니다. 역사 속에 비춰진 나의 삶은 화려했지만 비극적인 최후를 맞이했고 겸손하지 못했고 가장 잘 관리해야 하는 관계의 중요성을 놓쳤다는 것이랍니다. 평가 또한 후한 평은 아닐 것이라는 생각도 듭니다. 그리고 당시는 최선이라는 생각을 했지만 정말 최선을 다했는가는 이제는 답하기 힘들 정도로 많은 것이 후회가 된답니다.

(pause)

나에게는 겸손한 마음이 절실히 필요했어요. 여러분들도 꼭 많은 것을 이루고 최고의 성공을 할 때 겸손한 마음과 행동으로 내가 처한 상황을 스스로 관찰하고 그리고 후회 없는 결정을 내리시라고 말씀드리고 싶습니다. 코칭을 받다 보니 나의 짧은 삶에 대한 안타까움이 많이 남아 있다는 것을 다시 느낄 수 있었던 시간이기도 했습니다.

코치 : 예. 공감되는 말씀이십니다. 양가의 감정을 모두 느끼고 계시는 한신님의 마음을 온전히 느낄 수 있는 시간이었습니다. 귀한 시간 내주셔서 다시 한번 감사드립니다. 다음 코칭은 언제가 좋으시겠어요? 한신님.

한신 : 다음 주말 오후 5시는 어떠세요?

코치 : 좋습니다. 그럼 한신님, 그 시간에 연락드리겠습니다.

한신 : 그래요. 한 주 잘 보내시고 다음 주말 오후 5시에 다시 만나요. 감사
     합니다.

코치 : 저도 감사합니다. 오늘 코칭은 이렇게 마무리해도 좋을까요?

한신 : 예, 좋습니다. 코치님.

백워드 인덕션과 역지사지

백워드 인덕션(backward induction)은 게임 이론에서 사용되는 개념으로, 상대방의 말을 그대로 믿지 않고 각각의 상황에서 상대방이 정말로 어떤 선택을 할 것인가를 미리 예상하여 자신의 행동을 결정하는 것입니다. 백워드 인덕션은 시간 순서가 전제되어 있을 때 사용할 수 있는 개념이기 때문에, 동시 게임인 전략형 게임에서는 사용할 수 없습니다. 백워드 인덕션은 게임 이론에서 전개형 게임(Extensive-form game)에서도 사용됩니다. 전개형 게임은 플레이어 수가 2명인 2인 게임 프로그램에서는 플레이어들의 행동 결정에 시간적 순서가 주어집니다. 먼저 한 플레이어가 어떤 행동을 취한 경우, 상대 플레이어는 거기에 어떤 행동으로 대응할 것인가를 결정해야 합니다. 이때 게임의 진행 과정을 분석하여 다음에 취할 행동(두어야 할 수)을 탐색하기 위해 만들어지는 것이 게임나무입니다. 게임나무는 플레이어의 반격과 전략, 행동의 순서 등의 정보를 제공합니다.

역지사지는 '내가 상대방의 입장이라면 어떻게 생각하고 행동할까?'라는 생각을 통해 자신의 행동을 결정하는 것입니다. 역지사지는 일반적으로 바람직한 행동 원칙으로 여겨지지만, 항상 바람직한 것은 아닙니다. 역지사지에 의한 행동이 항상 바람직한 것은 아니기 때문에, 상황에 따라 적절한 판단이 필요합니다.

탐욕으로 빛 바랜, 이사를 코칭하다

고태현 코치

〈모두가코치가되는세상〉 대표

한국코칭학회 상임이사

커리어컨설턴트협회 이사

한국코치협회 멘탈코칭연구회 전문위원

주요 프로그램 '맨프레드 리더십론과 코칭', '헤더스 코칭쇼'

번역서 『리더십을 위한 코칭』

『쿼바디스―팬데믹 시대, 죽음과 리더의 실존적 도전』

『리더의 일상적인 위협』

저서 및 공저 『스몰 미라클 코칭』, 『영어학습을 위한 코칭』, 『팀장의 끗』

중국 최초로 천하를 통일한
- 흙수저 이사, 삶을 극복했으나 탐욕으로 빛바래다

"이사(李斯)는 열강 사이에 틈이 생긴 것을 기회로 진시황제를 보필하여 마침내 천하통일을 이루었다. 그는 삼공(三公)의 지위에 올랐으나 중용(重用)되었다고 할 수 없다. 이사는 육경의 근본은 알고 있었으나 밝은 정치로써 황제의 결점을 고쳐 주지 않고 작록(爵祿:관작과 봉록)을 중히 여겨 아부했다."

－『사기』「이사열전」

이사는 초나라 상채(上蔡)사람입니다. 젊은 시절 하급 관리가 되었는데 숙소의 변소에 서식하고 있던 쥐들이 더러운 것을 먹고 살다가, 사람이나 개가 가까이 가면 그때마다 놀라고 두려워하는 것을 보았습니다. 이사가 군청의 창고에 들어가 그 안의 쥐들을 보았는데 쌓아놓은 곡식을 먹고 커다란 대청 아래에서 살면서 사람이나 개를 보아도 두려워하지 않았습니다. 이에 이사는 탄식하며 말했습니다.

"사람이 유능하고 못난 것이 마치 쥐들과 같아서 처해 있는 곳에 따라 달라지는 것이로구나."

쥐도 거처하는 곳에 따라 다르니 사람이야말로 머무를 데를 택해야 하는 것입니다.

이사는 순자에게서 제왕에 관한 공부를 한 후, 비천한 신분에서 벗어나기 위해 욕망의 기회를 움켜쥐러 진나라 왕을 유세하기 위해 진나라로 갔습니다. 마침 진나라의 장양왕이 죽자, 이사는 진나라의 재상인 여불위를 찾아가 그의 가신이 됩니다. 여불위는 이사의 재능을 알고 그를 진시황에게 추천하였습니다. 이사는 장사라는 벼슬에 임명되어, 각국의 제후들 사이를 돌며 제후국의 인재들을 매수하거나, 말을 듣지 않는 자는 죽이거나, 임금과 신하 사이를 이간시키는 일을 주로 했습니다. 얼마 후 진시황은 이사의 능력을 높게 평가하여 그를 외국 출신 대신인 객경으로 삼았습니다. 그때 마침 다른 제후국에서도 사람을 보내 진나라의 국력을 소모시키고자 이간질을 하였는데, 그 음모가 발각되고 말았습니다. 그리하여 진나라에 있던 모든 빈객을 축출하여야 한다는 대신들의 아룀이 있었습니다. 이사 역시 축출 대상으로 논의되었습니다. 이사는 이러한 상황에서 살아남기 위해 상소(「간축객서(諫逐客書)」)를 올립니다.

"지금 빈객을 쫓아내면 제후들에게 이로운 일이 될 것입니다.
이는 적병에게 무기를 빌려주고, 도둑에게 식량을 주는 것과 같습니다."

이렇게 큰 그림을 그려 간절한 글로 호소하니, 진시황은 설득되어 축객령을 취소하고 복직시킵니다. 또다시 변소의 쥐로 전락하게 되느냐 하는 절체절명의 상황이었습니다. 「진시황본기」에는 다음과 같이 쓰여 있습니다.

"진시황이 대규모로 빈객들을 찾아내 쫓아내려 했다. 이사가 글을 올려 설득하니 빈객을 쫓아 버리라는 명을 거두었다. 이를 계기로 이사가 진시황을 설득하여 먼저 한나라를 공격해 빼앗아 다른 나라에 겁을 주자고 청하자, 이사를 보내 한나라를 함락하게 했다."

– 진시황 10년

20년 후, 결국 진나라는 천하를 통일했습니다.

이사는 던져진 장애 극복에만 급급했습니다. 적극적으로 선택하고 결정하지 않았다는 말입니다. 상황의 극복에만 능했던 이사는 자신의 신념은 없었습니다. 분서갱유의 상황에서도 그랬습니다. 이사는 승상이 되었습니다. 장남인 이유는 삼천군 군수가 되었으며, 아들 둘은 모두 진나라 공주와 결혼했고, 딸들은 진나라의 공자(公子)에게 시집갔습니다. 대문과 뜰에 수레가 수천 대나 되었다고 전해집니다.

이사는 처음 진나라로 유세하러 떠나며 순자에게 "가장 큰 부끄러움은 낮은 자리에 있는 것이며, 가장 큰 슬픔은 경제적으로 궁핍한 것입니다."라고 했습니다. 그는 이런 생각으로 유세의 길에 올랐고 또한 진시황 사후 조고의 설득으로 왕위 조작 결정을 내리며 조고의 손을 잡았던 것입니다.

이사는 물극필반(사물이 극에 달하면 이내 쇠퇴한다)의 이치를 스승 순자의 말을 기억하면서도, 그 앞에 닥친 모든 의사결정과 행동에는 더 가지려는 욕망을 놓지 못하고 우선 이해타산을 따졌고 자신이 가진 모든 것에 애착을 느꼈기 때문에 떠나고 버려야 할 때를 놓치고 말았습니다. 오로지 출세욕으로 달렸던 이사는 결국 환관 조고에 의해 반역죄의 누명을 쓰고 아들과 함께 함양시 한복판에서 허리가 잘리는 참형으로 인생을 마감하며 함께 잡힌 아들을 돌아보며 말했다고 합니다.

"내 너와 함께 다시 한번 누런 개를 끌고 상채 동쪽 문으로 나가 토끼 사냥을 하려 했는데, 이제는 그렇게 할 수 없겠구나."

이사의 삶에서 그에게 닥친 장애는 말과 글로 슬기롭게 극복할 수 있었지만, 비워내는 지혜 없이 채우려고만 하는 탐욕과 집착의 유혹을 버리지 못한 자기 철학 없는 한 인간의 모습을 볼 수 있습니다.

* 이사 삶에 있었던 세 가지 모먼트
1. 스승 순자와의 헤어질 결심
2. 진시황에게 「간축객서」를 올리다.
3. 진시황 사후 황제를 세우는 결정권은 이사에게 있었으나 조고의 농간에 황제를 바꾸다.

코치, 이사를 만나다

고태현 코치

코치 : 승상, 참으로 오랜만에 뵙습니다.

이사 : 그렇지요. 「간축객서(諫逐客書)」를 올리기 전 내 코치를 만나 대화한 것
　　　이 많은 도움이 되었습니다.

코치 : 그러셨군요. 당시 승상께서 간절한 마음을 담아 상소를 올리셨지요.

이사 : 그렇습니다.

코치 : 그간 어찌 지내셨습니까?

이사 : 아시다시피, 시일이 지나 진나라가 통일을 하지 않았습니까. 그 사이
　　　크고 작은 일들이 있었으나, 천하를 호령하는 진시황제를 모시고 나
　　　또한 좋은 시절을 보냈지요.

코치 : 승상께서 좋은 시절이라 말씀하시니 듣기에 좋습니다. 그런데, 오늘
　　　은 어떤 연유로 저를 찾으셨는지요?

이사 : 최근 황제께서 승하하신 후, 환관 조고가 말하기를 막내아들 호해가
　　　왕이 되는 일을 도모하자는 제의를 했는데, 어떤 결정을 하는 것이 좋
　　　을지 답이 없어 이렇게 방문하게 되었소이다.

코치 : 네, 그런 일이 있으셨군요. 그런데 승상께서 말씀하시는 좋은 답이란 어떤 것을 말씀하시는 것인지요?

이사 : 좋다 함은… 그러니까… 쉽게 말해 맏아들 부소에게 왕위를 물려준다는 시황제의 유지를 받드는 것이 맞는 것인지, 아니면 조고의 제안대로 막내아들 호해를 왕으로 세우는 데 함께하는 것이 맞는 것인지 고민이지요.

코치 : 어떤 것이 맞는 것인지 고민하고 계시는군요. 그런데 말씀하신 '맞다'는 것은 어떤 상황을 말씀하시는 것인지요?

이사 : 그거야… 이 나라의 승상으로서… 어허… 지금 나에게 맞다 함은 누구의 편에 서야 내가 안전한가 하는 것이겠지요. (잠시 침묵이 흐른다.) 내 고민이 깊은 것이 그럴 만도 하지 않습니까? 아니 그렇습니까?

코치 : (침묵한다.) 정말 중대한 결정의 기로에 서 계시니, 얼마나 마음에 어려움이 있으시겠습니까. 충분히 이해가 됩니다. 한 가지 여쭙겠습니다. 조고의 제안을 듣고 승상은 어떻게 반응하셨습니까?

이사 : 반대했지요. 거부의 뜻을 밝혔습니다. 그런데 만약 맏아들 부소가 즉위하면 부소와 가까운 몽염을 승상으로 삼을 것이라고 조고가 그러더군요. 지금 자신의 제의를 따르지 않으면 재앙이 자손에게까지 미치지 않겠냐고 말이지요. 그는 맏아들에게 왕위를 물려준다는 시황제의 편지와 옥새를 가지고 있으니….

코치 : 조고가 그것을 가지고 있다는 것은 무엇을 의미합니까?

이사 : 황제의 편지를 조작하여 자신에게 유리한 왕을 세우는 데 사용하려는 것이 아니겠습니까. 생각할수록 괘씸하지요. 본인의 이득만 챙기려는 간악한 사람이 아닙니까.

코치 : 조고를 그리 생각하시는군요. 그렇다면, 지금 승상이 선택할 수 있는 것은 무엇이 있습니까?

이사 : 그야, 시황제의 뜻을 따라 부소를 왕으로 세우든지 아니면 조고와 손을 잡고 막내아들 호해를 왕으로 만드는 길이 있겠지요.

코치 : 그 밖에 다른 방도는 없는지요?

이사 : 글쎄요….

코치 : 말씀하신 두 가지 방법 중 조금 더 안전해 보이는 길은 어느 것인가요?

이사 : 그것이 문제인 것이지요. 조금 더 안전한 길은 없어 보인다는 것.

코치 : 그 까닭은 어디에 있습니까?

이사 : 두 가지 다 불확실한 변수가 있기 때문에….

코치 : 그 이유는 무엇입니까?

이사 : 그야, 조고가 그리 말을 했으니… 게다가 편지와 옥새를 그가 가지고 있기에.

코치 : 이 상황에서 승상으로서 할 수 있는 일은 무엇인가요?

이사 : 승상으로서라…. 승상으로서… 나에게는… 왕을 세우는 결정권이 있

소. 어허… 어찌 그가 하는 말에. 결국 조고의 말에 내가 놀아나는 꼴
이 아닌가.

코치 : 어떤 부분이 특히 그러합니까?

이사 : 조고 그자가 나의 안위를 걱정하는 척하면서 나를 이용하는 것이지
요. 이제 그 수가 다 보이니, 오히려 내가 그를 가둘 그물을 만들어야
하는 것이 아닌지. 어느 쪽에 서야 하는지 선택만 하면 된다 생각했는
데, 주어진 보기 안에서 고르지 말고 내가 보기를 만드는 것이 좋겠다
는 마음이 듭니다.

코치 : 네, 지금 그런 생각이 드시는군요. 승상! 눈을 한번 감아 보실까요. 눈
을 감고 잠시 고요한 시간을 가져보겠습니다.

(시간이 잠시 흐른 후)

지금 마음은 어떠신가요?

이사 : 지금까지 이야기한 내용이 머릿속에 가득합니다. 그래도 조금 잠잠한
느낌은 듭니다.

코치 : 좋습니다. 계속 눈을 감고 느껴지는 그 공간에 말씀하신 고민의 모든 내
용을 가만히 듣고 있는 또 하나의 승상이 있다고 상상해 보겠습니다.

이사 : 나의 마음 속 이야기를 다 듣고 있는 나라… 흥미롭군요.

코치 : 네, 맞습니다. 매우 흥미롭지요. 계속 눈을 감으시고 그 고요한 시간
에 좀 더 머물러 있겠습니다.

이사 : 그러지요.

(침묵이 흐른다…)

코치 : 지금 마음은 어떠신가요?

이사 : 음…, 복잡하군요.

코치 : 복잡한 마음이 드는 것은 무슨 연유입니까?

이사 : 그것은 다름 때문이지요. 지금의 상황을 말하는 나와 이것을 듣고 있
는 또 다른 나는 생각이 다르군요.

코치 : 어떻게 다른지요?

이사 : 글쎄요. "사물이 지나치게 강성해지는 것을 경계하여야 한다"는 나의
스승님의 말이 떠오르는군요. 그것이 무엇을 의미하는지 다시 생각해
봐야겠습니다. 또 다른 내가 이것을 말하고 있는 것 같소이다. 어허…
내 안에 두 가지 마음이 있는 모양새가 아니오.

코치 : 말씀을 듣고 보니 정말 그렇습니다. 혹시 두 승상에게 지금 상황에 맞
는 새로운 이름을 붙여 준다면, 무어라고 칭하시겠습니까?

이사 : 새로운 이름이라… 비유를 해보라는 말인 것 같군요.

코치 : 그렇습니다.

이사 : 현재 고민하는 나는 살고자 하는 나니 '목숨 명(命)'이라 칭하고, 그것
을 듣고 있는 나는 스승님의 말씀을 떠올린 것을 보아 이쯤에서 내려
놓으라고 말하는 것 같아 '떠날 리(離)'라고 해보지요. 命과 離라… 나
에게는 부소와 호해 중 어느 편에 설 것인가 외에 선택지가 하나 더

늘었습니다. 허허.

코치 : 승상, 여기까지 이야기를 나누면서 정리된 것은 무엇입니까?

이사 : 처음부터 환관 조고의 제안이 중요한 것이 아니었다는 생각이 드는군
요. 떠날 생각을 해보지 못했다는 것은 내가 어디까지 왔는지 돌아본
적이 없다는 것과 같지요. 나는 진나라가 아닌 초나라 사람으로서 이
미 승하하신 시황제와 함께 천하를 통일한 것이나 다름없소. 그리고
승상이 되어 많은 것을 누리었으니… 이쯤에서 모든 것을 내려놓고
남은 여생 평안히 쉬는 것이야말로 사는 것임을 어찌 생각하지 못했
을까.

코치 : 그런 통찰을 얻으셨군요. 그렇다면, 그 통찰을 승상께서 오늘 대화를
통해 얻기 원했던 결정에는 어떻게 적용할 수 있겠습니까?

이사 : 또 다른 나의 소리에 귀를 기울여야겠지요. 이제는 때가 온 것이 아니
겠소. 나는 살기 위해 쉼을 선택하고 이 자리를 내려놓아야겠습니다.

코치 : 쉽지 않은 결정이실 텐데, 정말 탁월한 선택이십니다. 삶과 쉼을 두
가지를 다 얻으실 수 있을 거라는 생각이 듭니다. 승상께서 말씀하신
대로 행하시면, 남은 생에는 어떤 영향이 있겠습니까?

이사 : 그렇게 된다면, 아마도 비로소 '나는 무엇을 위해 달려왔는가' 하는 것
을 생각해 보지 않겠습니까. 내가 진정으로 살길을 찾는 데 도움을 주
어 고맙습니다.

『사기』를 쓴 태사공이 말한다.

"이사는 초나라 사람으로 낮은 관리로 있었는데, 관청의 변소와 곡식 창고의 쥐를 보다가 '사람은 자신이 처한 환경에 달렸구나.' 하고 탄식하고는 서쪽 진나라가 공을 세울 수 있는 기회가 있다고 보고 초나라를 떠나 진나라로 들어가 진나라 왕을 섬겼다. 열국 사이에 틈이 생긴 기회를 타서 장의가 주장한 연횡책으로 진나라의 제업을 이루게 했다. 이후 진시황이 순행중 길에서 병이 위독하여 세상을 떠났다. 이때 환관 조고가 간사하게 황제의 조서를 어기고 적자를 폐하고 첩의 자식을 제위에 오르게 하려고 승상 이사를 꾀하자 부귀와 공명을 지키려 흔들렸다. 이에 이사는 흔들리는 마음에 스스로 조언을 듣고자 가까이 있던 코치를 청해서 그 자리에서 선택할 수 있는 최선의 답을 찾고, 모든 것을 내려놓고 고향으로 내려가 아들과 함께 누런 개를 끌고 토끼 사냥을 하며 남은 삶을 충만하게 보냈다. 그가 마음을 낮추어 코칭을 받은 것은 후대에 큰 귀감으로 남아 "人之行은 貴乎有終(사람의 길은 마지막이 좋아야 한다)."이란 말을 새기게 했다. 이사는 과연 그 공으로 보면 주나라 주공이나 소공과 어깨를 겨룰 만하다고 하겠다.

코치의 지혜

헤어짐의 미학, 또 다른 만남
– 범려를 생각하며

> 가야 할 때가 언제인가를
>
> 분명히 알고 가는 이의
>
> 뒷모습은 얼마나 아름다운가
>
> ─「낙화」, 이형기

잘 헤어짐이 만남보다 중요했던 기억이 있다. 그때 나는 이 시가 가슴에 들어왔다. 인간관계는 물론 조직의 자리를 물러날 때도 그러했다. 창업보다 어려운 것이 기업의 승계, 엑시트(EXIT) 전략이 더 무겁다. 하노버 공항에서 출구를 못 찾아 헤매던 기억이 있다.

'Ausgang(독일어, EXIT)'

은퇴해서 지금은 아름다운 삶을 구가하시는, 같이 동행했던 사장님은 하노버에 도착해서 '아니 여기가 하노버가 아니고 Ausgang인가!' 하며 우리를 당황하게 했던 조크가 먼 세월이 아닌 듯 느껴진다. 그분은 그때부터 출구를 생각하고 계셨던 것 아닐까? 삶 자체도 태어나는 것보다 죽음이 아름다워야 하는 것이 아닌가. 우리의 의지가 태어남이 아니고 죽음에 있기 때문일 것이다.

> "앞에서 말한 네 사람(진나라 상군과 백기, 초나라 오기, 월나라 대부 종)은 공을 이루고 물러나지 않았기 때문에 이와 같은 재앙을 입었습니다. 이른바 '펼 줄만 알고 굽힐 줄 모르며, 앞으로 갈 줄만 알고 돌아올 줄 모르는 사람'이지요. 범려는 이러한 이치를 초연하게 세상을 떠나 도주공이 되었습니다."
>
> ─『사기』「범려 · 채택열전」

범려는 월나라 왕 구천을 도와 숙적 오나라를 멸망시키는 데 공을 세웁니다. 구천은 한때 오나라 왕 부차와 싸우다 패하고 나라를 잃을 뻔했습니다. 이 사건으로 구천은 3년 동안 오나라에 인질로 끌려가 아내와 함께 부차의 시중을 드는 수모를 당했습니다. 구천은 병이 난 부차의 똥까지 맛보는 등 부차에 굴복한 것처럼 위장해 극적으로 본국으로 돌아오는 데 성공합니다. 이후 20년 동안 복수의 칼을 갈고 마침내 오나라를 멸망시킵니다. '와신상담(臥薪嘗膽)'입니다. 그런데 바로 이 절정의 순간에 범려는 부귀영화를 내던지고 물러나기를 선언합니다.

"날던 새를 잡으면 좋은 활은 거두어들이고, 약삭빠른 토끼를 잡고 나면 사냥개는 삶아 먹는 법이다."

— 『사기』「오왕구천세가」

범려의 눈은 슬픈 눈이 아니었을 것입니다. 이형기 시인이 말한 내 영혼의 슬픈 눈이 아닌 꽃이 필 때와 떠날 때를 준비했던 완벽한 준비의 눈이었을 것입니다.

주식을 기초로 하는 자본주의 '기업'은 제국시대의 '국가'보다 더 강력한 지배력을 개인의 삶에 발휘하기도 합니다. 영토를 두고 전쟁을 벌인 제국주의에서 이제는 '시장(maket)'이 전쟁터가 되었습니다. 기업에는 모습을 달리한 진나라 백기, 초나라 오기, 월나라 범려가 있습니다. 모든 것이 선택의 문제인 것은 예나 지금이나 같으니 말입니다.

범려는 세 번이나 자리를 옮기고도 천하에 이름을 떨쳤습니다, 단지 떠나기만 한 것이 아니라 머무는 곳에서는 반드시 명성을 얻었습니다.

그의 지혜에 질투가 납니다.

분노의 화신, 오자서를 코칭하다

조남철 코치

〈인라이트코칭연구소〉 소장

코칭경영원 협력코치 , 다산E&E 전문위원

PCC(Professional Certified Coach, 국제코칭연맹)

Gallup 강점코치, 코칭 슈퍼바이저

역량평가(AC) & 역량개발(DC) Assessor

저서 『사람은 어떻게 성장하는가』

공저 『임원으로 산다는 건』

용서해 주자

시작은 태산이 아니라 돌부리에 넘어진 오자서의 아버지, 오사(伍奢)로부터 시작됩니다.

기원전 6세기, 초나라에는 형을 시해하고 왕이 된 평왕이 있었습니다. 그런 평왕에게는 아들 태자 건이 있었습니다. 평왕은 진나라와의 화친을 위해 태자 건에게 진나라 공주를 아내로 삼아주려고 신하, 비무기를 진나라로 보냅니다. 그런데 공주가 너무 아름다웠습니다. 태자 건이 오사를 존중하고 자신을 경시해서 불만을 갖고 있던 비무기는, 진나라 공주와 평왕의 재취(再娶)를 건의합니다. 평왕의 본심을 읽고 있었던 것이라고도 볼 수 있습니다. 결국 재취가 성사되어 새로운 아들을 얻는데, 비무기의 꼬임에 평왕은 어린 아들을 왕으로 등극시키려 태자 건을 죽이고 맙니다. 태자 건이 죽을 때 그의 사부도 함께 죽음을 맞이하는데, 그는 바로 오자서의 아버지였습니다. 오자서 또한 죽음을 당할 뻔했으나 걸식을 하면서 죽기 살기로 오나라로 도망가 죽음을 면할 수 있었습니다.

아버지의 복수를 하기 위한 오자서는 세력 확장을 꿈꾸고 있던 오나라 합려의 책사가 되어 함께 힘을 기른 다음, 때를 기다렸다가 기습하여 초나라 수도인 영을 점령합니다. 하지만 평왕은 죽었고 그의 아들인 초소왕은 수로 달아나 있는 상태였습니다. 그래서 오자서는 복수를 하기 위해 평왕의 시체를 무덤에서 꺼내어 300대의 채찍질로 한을 품니다(굴묘편시掘墓鞭屍). 한편, 초나라에는 대군인 신포서가 있었습니다. 신포서는 오자서와 막역한 사이였습니다. 신포서는 산중으로 오나라 군을 피해 있다가, 사람을 보내 오자서에게 "그대의 복수는 너무 심하구나. 일찍이 평왕의 신하로서 평왕을 섬겼던 그대가 지금 시신을 욕되게 했으니 이보다 더 천리에 어긋난 일이 있을 수 있겠는가?"라고 전하게 했습니다.

> 해는 지는데 갈 길은 멀다(일모도원日暮途遠).
> 오자서 : "나는 반드시 초를 전복시키겠다."(我必覆楚)
> 신포서: "나는 반드시 초를 지키겠다."(我必存之)

그러자 오자서는 신포서가 보낸 사람에게 "나를 대신해서 신포서에게 사과하고 '해는 지고 갈 길은 멀어 도리에 어긋난 짓을 할 수밖에 없었다.'라고 전해 주게."라 합니다. 이 뜻을 알아차린 신포서는 초나라를 구하기 위해 진나라의 애공에게 찾아가서 구원병을 요청합니다. 하지만 애공은 군대를 포병해 줄 처지가 되지 않아 거절합니다. 이에 신포서는 물러나지 않고 7일 동안 곡(큰소리로 우는 것)과 읍(흐느끼며 우는 것)을 반복합니다. 신포서는 죽을 각오였던 것입니다. 신포서의 간절한 부탁에 애공은 500승(군사 5만 명)을 보내주어 다급한 초나라를 구해줍니다.

이후 오왕 합려는 오자서의 도움과 손무의 계책으로 서쪽으로는 초를 무찌르고 북쪽으로는 제와 진을 위협했으며, 남쪽으로는 월나라를 굴복시킵니다. 그러나 이후 합려가 월왕 구천(嘗膽, 상담의 주인공)과의 싸움에서 죽게 되었고, 합려의 아들 부차(臥薪, 와신의 주인공)가 오나라 왕위에 올라 백비가 태제가 되었습니다. 그 후로 부차는 오자서의 계책을 소홀히 합니다. 태제 백비는 원래 오자서와의 관계가 나빠서 기회를 보던 차에 제나라 공격에 이견을 보이자 "오자서의 사람됨은 고집이 세고 사나우며 인정이 없고 시기심이 강하니, 그가 품고 있는 원한이 큰 화근을 일으킬까 근심스럽다"고 참언하니 오왕 부차도 "그대 말이 없었다고 하더라도 나 역시 그를 의심하고 있었소."라고 하고는 사람을 보내 오자서에게 '촉루'라는 명검을 내려 "그대는 이 칼로 죽으라."라고 합니다. 이에 오자서는 하늘을 우러러 탄식하며 "내 눈알을 도려내어 동문 위에 걸어두어 월나라에게 오나라가 멸망되는 것을 볼 수 있게 하라"고 하고는 스스로 목을 찔러 죽습니다.

사마천은 오자서의 서사를 마무리하면서 이렇게 말했습니다.

"사무친 원한이 사람에게 끼치는 영향은 참 크다! 왕이라고 하더라도 신하에게 원한을 사서는 안 되는 것을 하물며 동등한 지위에 있는 사람끼리야 어떠하겠는가?"

코치, 오자서를 만나다

조남철 코치

복수의 신 오자서의 용서

코치 : 오자서, 지금 자기를 돌아보면 어떤 생각이 드나요?

오자서 : 제가 왜 그렇게 눈이 멀었었는지 모르겠습니다. 지금 생각하면, "눈
이 멀었었다"는 말이 딱 들어맞는 것 같아요. 복수하고 싶다는 일념
밖에 없었습니다. 그런데 그 복수심이 저의 눈을 멀게 했습니다. 그
복수심에 의해서 저도 결국 비극적인 죽임을 당하고 말았던 거지요.

코치 : 일반인으로 저는 감히 상상도 하기 힘든 고통의 시간이었을 것 같아
요. 복수심이 당신의 삶에 어떤 영향을 미친 것 같아요?

오자서 : 사실 돌이켜보면 복수심은 나를 지탱해 준 힘이었다는 생각도 들어
요. 부친이 간신의 모함에 억울하게 돌아가시고, 가문이 멸문지화

를 당하고, 혈혈단신으로 도피하여 목숨을 구걸하면서 살았던 시절을 돌아보면, 정말 피눈물이 나는 세월이었습니다. 그 순간을 버틸 수 있었던 것은 복수심이었습니다. 복수심이 없었다면 저는 자결하거나 은둔해서 죄인 같은 삶을 살았을 것입니다. 와신상담의 마음으로 단 한순간도 '복수하리라'는 일념을 져버린 적이 없었습니다.

코치 : 그러네요. 참 아이러니한 것 같습니다. 강한 복수심이 인고의 세월을 버틸 수 있는 연료가 되었네요. 그리고 또 그 복수심에 의해 결국 화가 자기에게 돌아온 것 같습니다.

오자서 : 맞아요. 복수심 덕에 저는 살아남았고, 복수심 덕에 재기할 수 있는 힘을 갖게 된 것 같습니다. 초나라 평왕에게 부친은 모든 것을 바쳤습니다. 저 또한 그러했었구요. 군신의 법도가 있지만 그것은 군이 의로울 때라야 의미가 있다고 생각했습니다. 간신의 세치 혀에 휘둘려 군신의 법도를 져버린 평왕은 반드시 그 죄를 물어 역사에 남겨야 한다고 생각했습니다. 사무친 원한은 사지를 찢어 죽여도 풀리지 않을 것 같았습니다. 그 일념이 저를 살아남게 했고, 기회를 도모할 수 있는 불굴의 의지를 세우게 했습니다.

코치 : 지금 돌이켜 보면 혹시라도 가장 후회되는 순간이 있었을까요?

오자서 : 과유불급이란 말이 떠오릅니다. 복수심이 당시 제게는 개인적 원한 뿐 아니라, 그것이 정당한 일이고, 역사를 바로 세우기 위해서라도 그렇게 하는 것이 마땅하다는 어리석은 생각에 집착했던 것 같습니다. 그 외에 다른 관점을 가질 수 없었습니다. 아니, 다른 관점을 허용하지 않았다는 말이 더 맞을 듯도 합니다. 다른 관점을 가졌다면 복수를 실행하지 못했을 테니까요. 그런데 그것이 제 과욕이었습니다.

가장 후회스러운 일은 너무 소중하고 신뢰하는 벗을 잃었다는 것입니다. 대군 신포서의 충언을 한 번 더 되새겼어야 했다는 생각이 듭니다. 앞을 보지 못했던 저는 진실의 말을 들을 수 있는 귀도 멀었습니다. 그의 충언이 저의 앞길을 가로막는 장애라고 생각했습니다. 벗을 잃을 수도 있다는 우려도 있었지만, 그보다 복수를 하지 못할 수도 있다는 두려움이 더 컸던 것 같습니다. 살아 있는 사람에게 복수하지 못하면 죽은 시체에게라도 확실한 복수를 해야겠다는 잔혹한 마음이 저를 지배했었습니다. 돌이켜보면 참 어리석은 생각이었습니다. 지나간 과거에 사로잡혀, 미래를 내동댕이친 격이 되었으니 말입니다. 만약에 내가 용서를 할 수 있었다면 어땠을까요?

당시에는 미처 생각지도 못했던 단어였습니다. 용서의 서(恕)자를 풀어보면 같은 마음을 낸다는 의미를 갖고 있습니다. 한결같은 마음, 즉 평상심을 갖추었을 때, 용서할 수 있다는 의미로 해석될 수 있습니다. 돌이켜보면, 제 마음에 대해서 너무 무지했다는 생각이 듭니다. 제 마음의 상처가 너무 컸던 것이지요. 복수를 해야 제 마음의 상처가 치유될 수 있다고 여겼던 것 같습니다. 억울하게 누명을 씌우고 멸문지화를 가한 평왕에게 받은 것 몇 배로 돌려줘야만 마음속 울분이 풀어질 수 있다고 생각했습니다. 그것이 가문과 돌아가신 부친에 대한 마땅한 도리라고도 생각했습니다. 참 어리석은 생각이었죠. 막상 복수를 실행했음에도 제 마음은 더욱 큰 고통과 불안 속에 있었습니다. 그 과정에서 너무 많은 희생을 치렀고, 불가피한 원한을 쌓게 되었습니다. 이제는 복수가 아니라, 타인이 제게 품은 복수심에서 저를 지키기 위한 불안과 두려움이 저를 고통스럽게 했습니다. 지금이라면, 깊은 산속에 들어가 마음을 비우는 수행을 해야 했다는 생각이 듭니다. 복수심을 내려놓고 평상심을 먼저 구하는 것이 마땅했습니다.

코치 : 용서에 대해 이렇게 깊이 성찰하고 의미를 풀어내는 지혜가 참 대단하다는 생각이 듭니다.

오자서 : 이미 지난 일이라서 그런 것 같습니다. 인간이 참 어리석은 것이

지나고 보면 한 생각일 뿐인데 그 한 생각이 마치 온 우주인 것처럼 착각해 어리석은 업보를 반복하는 것 같습니다. 용서의 서(恕)자는 또 '상대와 같은 마음'으로도 해석될 수 있습니다. 돌이켜 보면 저 역시 평왕이나, 간신 비무기 못지않게 결함이 많은 사람이었습니다. 사람은 누구나 실수할 수 있고, 자기 입장에서 세상과 사물을 보기에 자기만의 편견과 어리석음에 빠질 수 있다는 것을 알게 됐습니다. 비무기 입장에서는 저의 부친과 제게 시기 질투하는 것도 당연했다는 생각도 듭니다. 미리 알았다면 보다 지혜롭게 행동할 수 있었을 것 같습니다. 그랬다면 저의 말년이 비참해지지 않을 수도 있었겠죠.

코치 : 오늘 함께 대화를 나눠봤는데, 어떤 도움이 있었나요?

오자서 : 코치님 덕분에 굴곡 많은 제 인생을 짧은 시간에 깊이 돌아볼 수 있었던 것 같습니다. 제가 왜 그렇게 복수심에 절어 있었는지 보다 확실하게 성찰할 수 있게 된 것 같습니다. 용서의 중요함에 대해서 무엇보다 크게 깨달았습니다. 복수심에 눈이 멀어 제 인생의 가장 소중한 것들을 잃어버렸다는 생각에 가슴이 먹먹해지기도 했습니다. '복수하는 것이 정의를 실현하는 것'이라는 생각이 강했는데, 그것이야말로 참으로 '어리석은 망상'이었구나 하는 깨달음이 있었습니

다. 복수심을 버리기 위해서는 마음의 상처를 치유할 필요가 있다는 것도 알았습니다. 역사의 가정은 의미가 없겠지만 그럼에도 용서를 미리 알았다면 제 인생뿐 아니라 역사가 정말 많이 달라졌겠다는 생각이 듭니다.

코치 : 혹시 후대를 위해 해주고 싶은 말이 있을까요?

오자서 : '과거를 용서하고 미래로 나아가라'는 말을 해주고 싶습니다. 이미 일어난 일은 어찌할 수 없잖아요? '지금 내 마음의 선택이 희망의 미래를 여는 열쇠'라고 생각합니다. 올바른 선택을 하기 위해서는 용서가 절대적으로 필요한 과정이라 생각합니다. 상대의 행동과 상관없이 내 마음에서 미리 용서할 수 있다는 말도 해주고 싶습니다. 용서에 조건을 걸기 시작하면 용서의 힘이 내 손을 떠나 상황과 상대에게 의존하게 됩니다. 그것과 상관없이 내 마음에서 용서를 일으킬 수 있습니다. 용서한 마음은 평정심을 회복하게 됩니다. 짙은 먹구름이 사라지고 맑은 하늘이 드러나는 것과 같습니다. 그 청정한 마음에서 올바른 선택을 할 수 있게 됩니다. 과거의 망령에 휘둘리는 삶에서 벗어나 밝고 희망적인 미래를 만들어 갈 수 있습니다. 용서하고 앞으로 나아가세요. 인생의 주인으로 멋지게 살아가세요.

코치 : 오늘 귀한 시간 내주셔서 감사합니다. 내면을 깊게 성찰하고, 후대에
       값진 교훈까지 남겨주셔서 정말 의미 있는 시간이 된 것 같습니다.
       오자서님의 말씀처럼 용서를 통해 많은 사람들의 삶이 더욱 희망적
       이고 행복하게 변화될 수 있으면 정말 좋겠습니다. 감사합니다.

두 번째 화살을 맞지 마라

두 번째 화살은 첫 번째 화살로 인한 아픔과 상처에 대한 마음속의 분노, 억울함, 무력감, 좌절감, 모멸감, 자책감을 의미합니다. 이는 불행의 화살 중에서 스스로가 만들어 자기 자신에게 쏘는 것으로 볼 수 있습니다.

불행의 화살을 맞았을 때, 어떤 사람은 그 고통과 슬픔을 이기지 못하고 그대로 주저앉아 버립니다. 누군가를 원망하고 분노하며 왜 자신이 그런 화살을 맞아야 하는지 원인을 생각하지 않습니다. 또 다른 사람은 고통스러워하면서도 원인을 분석하려고 노력합니다.

화살을 맞은 것에 대해 원인 분석을 하지 않고 그대로 넘어간다면 잘못은 계속 반복될 것이고 두 번째, 세 번째 화살을 계속해서 맞게 됩니다.

최선의 선택은 자신의 실수나 잘못을 참회하고 좋은 방향으로 고쳐나가는 것입니다. 불행의 화살을 피하기 위해 스스로를 반성하고 긍정적인 태도와 낙관적인 자세를 지니는 것이 중요합니다. 지금 당신이 첫 번째 화살을 맞고 고통 속에 있다면, 불행한 일은 누구나 당할 수 있으며, 잘못된 생각으로 실수할 수 있다는 것을 기억하세요. 과거에 집착하지 말고 긍정적인 마음으로 미래를 향해 새롭게 출발해 보세요.

> "수행자들이여, 그는 괴로운 느낌과 접촉해도 우울해하지 않고 피곤해하지 않으며 통곡하지 않으며 미혹에 빠지지 않기에 단 한 가지 고통만을 느낀다. 세상에 배우지 못한 이와 잘 배운 고귀한 제자 사이에는 이러한 다른 점이 있다."
> ─『화살의 경』

두 번째 화살 피하는 방법(감정 조절하는 법)

1. 첫 번째 화살을 맞고 알아차린다.

2. 어떤 감정인지 인지하고 맞았다는 것을 인정한다.

3. 다시 감정을 조절하고 행동(말과 글)한다.

> 불천노(不遷怒) 불이과(不貳過)
> 성냄을 옮기지 않으면, 잘못을 되풀이하지 않는다.
> ─『논어』 제6편 「옹야(雍也)」

살다 보면 화가 치밀 때도 있고, 실수를 범할 때도 있습니다. 관건은 치민 화와 저지른 실수를 어떻게 마무리하느냐입니다. 마무리하는 태도에 따라, 배워 닦기를 좋아하는 인격자와 그렇지 못한 사람이 확연히 구별됩니다.

칸트 (Immanuel Kant)

칸트는 인간의 이성과 도덕성을 강조하는 철학자로, 자유의지와 도덕적 책임을 중요시했습니다. 그는 불행한 사건에 대한 반응을 선택할 때, 이를 유용성과 도덕성의 관점에서 고려해야 한다고 말합니다. 두 번째 화살을 피하기 위해 우리는 이성적으로 판단하고 책임을 지는 것이 필요하다고 주장하는 것입니다. 이러한 철학적 관점들은 불행의 화살을 피하고 내면의 평온을 유지하는 데 도움이 될 수 있습니다.

리더 코칭의 핵심은 '리더, 그 사람을 알라'이다

코칭은 개인, 조직의 변화에 관여한다. 코치는 답(solution)을 주기보다는 길을 알려주는 역할을 해야 하고 고객의 옆에 서서 조력자(helper)가 되어야 한다. 그래서 코치는 자신의 가치관, 신념, 과거 경험으로 자기 인식이 강해서 나타나는 구조자(rescuer)가 되어 있는지를 항상 자기 점검을 하고 있어야 한다. 코칭의 시작 지점에서 누가, 어느 조직에 어떤 결과를 기대하는지가 분명해야 한다. 그리고 그 기대를 달성하기 위해서 조력자는 인내를 가지고 청하는 자의 말에 진정으로 귀 기울여 주면 어느새 고객은 답을 찾아 가는 길에 있다는 것을 발견하게 된다.

코치는 경계를 지어 놓은 지역에 안주하지 않는다. 그래서 코치는 유목 민과 흡사하다. 유목민은 자기를 지키기 위한 城이나 경계를 지키기 위해 長城을 쌓지도 않는다. 또한 알려진 병법을 쓰기보다는 개인, 그 자신이 도 구이고 무기이다. 그래서인지 코치는 '용기' 그 자체가 예리한 무기이고 강 력한 병법이 된다.

임원코치는 개인의 변화와 조직의 변화, 이 두 가지를 돕는다. 임원은 한 사람이고, 그 한 사람은 우주이기도 하다. 임원코칭이란 코치가 개입함으 로써 임원 스스로 목표를 세우고 장애물을 극복하여 목표 달성을 위한 구 체적인 방법을 찾도록 하는 것이다. 코칭의 목적을 달성하기 위한 화학적 만남이 있어야 하고 그 관계는 지식이 아닌 경험을 전제로 하는 비명제적 지식이기에 겸손해야 한다. 겸손하지 않으면 사각지대(blind spot)에서 명제적 인 지식 위에 모래성만 쌓게 된다.

노마드인 코치는 한 사람, 한 조직과 관계하지 않기에 가장 강력한 몰입 이 요구된다. 마치 흉노족이 강력한 화살(鳴鏑명적)을 개발하고 말에 떨어지지 않게 특수한 말안장을 만들어 말 위에서가 아닌 옆으로 달릴 수 있는 기술을 연마하듯 코치는 모든 악기를 조화롭게 지휘하는 지휘자처럼 다양한 분야의 사람과 산업을 연구하여야 한다. 또한 그 안에서 일어나는 전이와 역전이의 역동을 눈치 채야 하는 자기 성찰에도 민감해야하기도 한다. 그래서 코치는 안주할 수 없고 끊임없이 말타기를 연습하고 겸손하고 용기 있는 자신이 되기 위해 수양, 수련, 수행하여 무지를 용인하는(not knowing) 것에 익숙해야 한다. 이러한 책임 있는 코치는 겸손한 자세로 다가가 용기 있게 예리한 칼을 뽑아 포정(丁)이 소를 발라내듯(解牛) 질문해야 한다. 인생은 질문하는 것만큼 살아내듯이, 코칭은 질문하는 것만큼 조력자가 될 수 있다.

질문은 고객의 표면이 아닌 그 아래의 세계로 들어가 코칭의 이슈에 개입할 수 있게 하는 입구이다. 고객의 표면 밑에는 심리적 혹은 무의식적인 행동과 결정에 영향을 미치는 내면세계가 존재한다. 이 세계에서 겸손은 한 개인이나 조직을 움직이는 핵심 동기요인을 숨긴 사각지대를 발견할 수 있게 하고 용기는 그 사각지대를 위해 무언가를 수행하도록 한다. 겸손은 아주 작은 것에도 마음을 낮추어 진정성 있게 최선을 다하는 것에서 시작한다.

其次는 致曲이니 曲能有誠이니 誠則形하고 形則著하고
著則明하고 明則動하고 動則變하고 變則化하니
唯天下至誠이아 爲能化니라.
"작은 일도 무시하지 않고 최선을 다해야 한다. 작은 일에도 최선을 다하면 정성스럽게 된다. 정성스럽게 되면 겉에 배어 나오고, 겉에 배어 나오면 겉으로 드러나고, 겉으로 드러나면 이내 밝아지고, 밝아지면 남을 움직이게, 남을 움직이면 이내 변하게 되고, 변하면 생육된다. 그러니 오직 세상에서 지극히 정성을 다하는 사람만이 나와 세상을 변하게 할 수 있다."

– 『중용』 제23장

마치 한 수의 시가 단어가 되고 문장이 되어 한 사람을 일어나게 하듯이. 코칭은 작은 움직임을 관찰하여 변하게 하고 스스로 일어나게 하여야 한다. 그래서 코칭은 시와 닮았다. 시는 읽는 게 아니라 겪는 것. 시는 일어나게 하는 것이기에.

오미자 한 줌에 보해소주 30도를 빈 델몬트 병에 붓고
익기를 기다린다.
아, 차츰차츰 더 바알간 색.
(생략)

– 황동규 시인, 「오미자 술」

준비는 기미를 알아차리게 하는 의식(ritual)같은 것이다. 이때 잠재적인 문제들을 미리 생각해볼 수 있도록 이미 개발된 템플릿과 도구를 사용하여

효율성을 높일 수 있다.

1. 개인정보

2. 조직에 대한 정보

3. 주요이슈, 고객을 위한 코칭목표

4. 실행계획 세우기

5. 심리적인 인상

6. 겉으로 드러나는 고객의 장점

7. 겉으로 드러나는 고객의 약점

8. 일반적인 관찰사항

그러나 준비의 목적은 깔때기를 타고 내려오는 더치커피의 눈물처럼 다음 두 가지임을 놓치면 안 된다. 그리고 최종 병기는 코치 자신이라는 것도 잊으면 안 된다.

하나, 그 사람을 알라

둘, 비즈니스를 알라

이 두 가지는 코치가 고객이 갖고 있는 이슈에서 knowing_why(무엇이 나를 동기부여 하는가), knowing_how(어떤 종류의 기술, 능력이 필요한가), knowing_whom(새로운 기회를 위해 누구를 만나야 하며, 누구와 관계를 맺어야 하는가)를 깨닫게 하여 스스로 길을 찾아 해결할 수 있도록 하는 힌트가 된다.

코칭은 대상자와의 관계이다. 흔히 까다로운(triky) 고객에 대한 어려움이 있다고 하지만 실상은 까다로운 '코칭관계'에 있다. 관계는 감정조절 능력이 요구된다. 감정은 모든 행동의 결과물이기 때문이다. 대화를 이끄는 주인공은 고객이어야 한다. 그래서 임원코치의 지상과제는 '고객을 알라'는 것이다.

관계는 대화로 진행된다. 그러나 대화는 그 자체가 감정이 날뛰는 불꽃이라는 것을 알아야 한다. 감정은 우리 안에 지문처럼 존재하는 것이 아니라 신체 예산(allostasis)과 그리고 경험과 학습된 감정입자도에 의해 구성되는 것이므로 감정의 불꽃은 기술에 따라 조절될 수 있다. 순간적으로 일어나는 감정의 요소들을 인지(recognizing)하고, 이해(understading)하고, 감정에 이름(labeling) 붙이고, 적절히 표현(expressing)하여 관계의 질은 높여가면, 코치와 고객 관계 간에 일어나는 전이와 역전이의 신호도 놓치지 않을 수 있다. 코칭의 질을 결정하는 것은 논리가 아니라 감정이기 때문에 코칭의 저변에 흐르는 감정조절은 코치가 습득해야 할 기술(art)이 된다. 감정조절을 위해서는 코치는 건강한 몸과 정신을 유지하여야 하고, 감정을 통제할 수 있는 다양한 경험과 깊은 독서가 필수적이다.

감정을 이해한다는 것은 비명제적 지식인 경험적 노력이 필요하다(사례 노트의 역할), 공감(empathy, 推己及人)에는 인지적(cognitive) 공감과 감정적(emotional) 공감이 있다. 인지적 공감으로는 물리적 변화를 이끌지만, 감정적 공감은 화학적 변화를 이끌어 낸다. 컨설팅이 명제적이고 물리적인 변화(드러난 사실에 대한 접근)를 이끈다면, 코칭은 비명제적이고 화학적인 변화(가슴, 자아를 건드린다)를 이끌어 거듭나게 한다. 변화는 물리적인 바뀜으로서의 목표가 아닌 화학적인 바뀜인 목적이 된다. 한 사람에 의한 한 조직의 변화, 그리고 행동을 연구하는 것은 그만큼 어렵기에 코치는 더 깊은 공부와 더 깊은 성찰이 요구되고 있다.

책임 있는 코치의 모습은 끊임없는 자기 성찰은 기본이며, 우선 겉으로 보기에 비이성적인 원인을 이성적으로 분석하고, 과거 경험을 평가하여 미래의 가능성을 재구성하고, 마지막으로 전이 · 역전이 신호를 주시하고 체계적으로 생각하는 것을 말한다. 이 과정에서 코치는 변화에 대한 통찰, 인간에 대한 전인적 관점, 자아의 확장은 코치 자신의 성숙으로 이르게 된다.

경고한 방어기제로 중요한 변화를 이루지 못하는 고객, 컨설팅 프로젝트에 더 큰 코칭 니즈가 존재하는 사례, 고객의 경험과 역량 부족으로 인해 주어진 이슈를 코칭으로는 대체될 수 없는 사례, 가족기업 내부의 가족 간의 역동으로 설계된 이슈 밑으로 깊은 이슈가 존재하는 사례 등, 코치는 다양한 상황과 고객을 triky하게 만나게 된다. 이러한 상황에서 인간 내면의 그 광활한 세계에서 길을 잃거나, 변화에 저항하는 고객 앞에서 낙담하기도 한다. 그러나 승리하고 전쟁에 나가는 장군처럼 코치는 다음과 같은 사실을 알고 고객을 만나면 조력의 힘은 더욱 날카로워진다.

- 사각지대(blind spot)가 있다.
- 까다로운 코칭 상황은 예방할 수 있는 작은 방심에서 비롯된다.
- 사례에는 반드시 그 기저(basis)를 이루는 특정한 주제가 있다.

이러한 다양한 상황을 이후 유연하고 효과적으로 대처하기 위해서는 매 과정을 표면층과 내면세계를 정리·분석하고 기술하여 전문가의 수퍼비전, 동료의 피드백으로 사례 노트를 집단 지성을 조제하여 성찰하고 그것이 어디서 오는지를 이해하여 향후의 방향과 조짐에 대비하여야 한다. 이 과정에서 코치는 변화에 대한 통찰, 인간에 대한 전인적 관점, 자아의 확장은 자기 성숙으로 이르는 과정을 거치게 된다. 다시 말해서 코치는 타인을 돕고자 하는 열망에 대한 지속적인 자기성찰과 수퍼비전이 필요하다.

코칭 과정에서 얻은 사례를 정리, 분석하고 기술하는 작업은 코칭하는 것만큼 에너지를 쓰게 한다. 그러나 코치는 이것이 자기 자신이 되고, 겸손이 되고 용기가 되어 최종 병기가 된다.

사례 노트에 담겨야 할 콘텐츠는 다음과 같다. 그리고 사후에 도식화해 보면 이해하기에 용이하다.

1. 주제는 무엇인가?

2. 중요하다고 생각하는 모든 중요한 정보가 모두 담겨 있는가?

3. 사례를 정리하고 분석하여 기술한 자료에 어떠한 감정을 표현하고 있는가?

4. 이 사례에 등장한 고객은 어떤 감정을 느끼고 있는가?

5. 이 사례에서 나타난 tricky한 상황은 무엇이고 어떻게 예방(hygine)하고 있
   는가?

6. 이 사례에서 성찰한 것은 무엇인가?

7. 다시 이 사례를 마주친다면 어떻게 진행하겠는가?

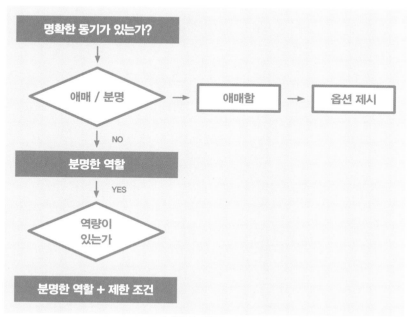

사례를 분석한 도식 예

코치가 되는 과정에서 얻는 변화에 대한 통찰, 인간에 대한 전인적인 관점, 자아의 확장은 나의 성숙으로 이르게 한다. 또한 고객도 리더로서 성장하는 것은 리더십 역량뿐 아니라 개인으로서 완성되어 가는 과정을 도와주는 것이다.

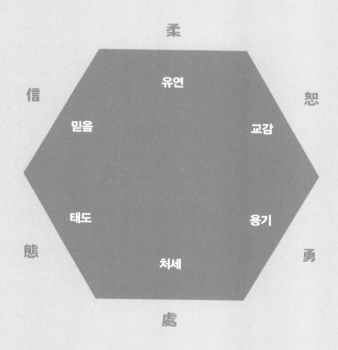

2장

태사공 사마천을
인터뷰하다

태사공과의 벅찬 만남 – 문규선 코치

僕誠以著此書(복성이저차서)
제가 이 책을 저술하여

藏諸名山(장제명산)
명산에 간직해 두었다가

傳之其人(전지기인)
저와 뜻을 같이하는 사람에게 전하여

通邑大都(통읍대도)
모든 고을과 도시에 알리고자 하기 때문입니다

태사공과의 벅찬 만남

시대를 거슬러 올라가 尙友(상우)를 만나는 것은 봄꽃을 만나는 것같이 반 갑고도 황송한 마음이다.

그대를 기다린다고 하셨으니, 나는 그중 부끄럽지 않은 한 사람이라고 해야지. 그는 물(水)이 습한 곳을 찾아 아래로 내려오듯, 불(火)이 건조한 곳 을 찾아 오르듯 들어섰다. 나는 깊은 심호흡이 필요했다.

태사공 사마천은 기원전 145년 용문(현재 상서성 한성현)에서 태어났다. 어린 시 절 아버지 사마담의 훈도를 받으며 『춘추좌전』, 『서경』 등의 서적을 읽었다. 한 무제 때 아버지 사마담은 태사령(문학, 역사,천문과 역법으로 황제 자문역)이 되어 수 도 장안으로 이주했고, 사마천도 아버지를 따라 갔다. 사마천은 20세가 되 어 아버지의 뜻으로 장강, 회화, 회계산, 구의산 등 천하를 주유하는 기회를 가졌다. 이 경험은 후에 역사를 기록하는 귀중한 그랜드 투어였다. 돌아온 사마천은 낭중이란 직책으로 벼슬길에 올랐다. 아버지 사마담이 국가의 큰

행사(봉선의식)에 참여하지 못하는 안타까움이 갖고 있던 병을 악화시켜 죽음에 이르게 되었다. 그때 아들 사마천에게 태사(사관)가 되어 역사를 쓰라는 유언을 남겼다. 3년 후 태사공은 아버지의 직책이었던 태사령이 되었다. 당시 상대부 호수(壺遂)가 사마천에게 '왜 역사를 기록하려 하느냐' 하고 물었다.

> "제가 옛 사건들을 서술하는 것은 지난 인물들의 행적을 정리하려는 것
> 이지 창작을 하려는 것이 아닙니다."
> ─『사기』「태사공자서」

사마천은 역사 현장의 상황을 정리하고 그 상황에 대해서 자기주장을 펴려 하였다. 그러던 중 이릉의 사건으로 사마천에게 궁형을 당하는 충격적인 사건이 벌어졌다. 벌금으로 죄를 사할 수 있는 방법은 있었으나, 그러할 형편이 못 되어 궁형을 당해야 했다.

> "제가 욕됨을 참고 구차히 살면서 더러운 감옥에 깊숙이 갇혀 있는 것
> 을 마다하지 않는 것은, 제 뜻을 다 펴지 못하고 비루하게 세상을 떠나
> 후세에 문장을 남기지 못하는 것을 한스럽게 여기기 때문입니다."
> 所以隱忍苟活, 幽於糞土之中而不辭者, 恨私心有所不盡, 鄙陋沒世,
> 而文采不表於後世也.
> ─「보임소경서」

죽음과 기록의 갈림길에서 번민하던 사마천은 운명을 받아들이고, 사기를 집필하는 데 온 마음을 부어 넣었다. 그래서 후대에는『사기』를 일컬어 '발분지서(發憤之書자기의 울분을 책으로 써서 드러내다)'라 했다. 사마천은『사기』를 다 집필하고 끝마무리에 같이 뜻을 하는 사람을 기다린다(傳之其人)는 말을 남겼다. 태사공을 처음 만난 것은 2014년 6월이었다. 사기는 역사서이자 문장의 전설이었다. 526,500자의 기록은 과거의 기록을 넘어 방대한 우주이며, 퍼즐 조각이었다. 스토리를 넘어 서사이고. 시간의 기록이 아닌 인물의 기록이었고 그 자체가 문학이었다.

태사공 사마천이 시간의 다리를 건너 들어섰다.

"好學深思 心知基意"

Q 이천여 년 후에도 태사공님을 기다리는 사람이 많이 있습니다. 저도 그 사람 중 한 사람입니다. 어떠한 사람을 태사공님이 기다리셨는지 여쭙니다.

— 배우기를 좋아하고 생각을 깊이 해서, 마음으로 그 뜻을 깨달은 사람을 기다렸습니다. 본 것도 많지 않고 들은 바도 없는 사람에게는 제 이야기를 것은 어렵겠지요.

— 오제 본기의 첫 태사공 자서에서 밝히신 내용이군요. 또한 가장 마지막의 자서에서 밝힌 전지기인의 그 사람은 바로 가장 첫 본기의 자서에서 밝히신 '호학심사 심지기의'한 사람을 말씀하시는 거군요. 첫 문장과 마지막 문장이 이렇게 연결되는 숨은 뜻이 있었습니다.

Q 그러면 열전의 첫 시작인 「백이열전」은 공자가 언급하여 후세에 알렸는데, 시대에 따라 다르게 해석되었습니다. 당나라 한유는 「백이송」으로, 조선의 연암은 '백이론'으로, 루쉰은 '고사리 캔 이야기'로 각기 다른 의미로 재해석했습니다. 태사공님은 역사의 기록이 이렇게 시대의 프레임으로 재해석 되는 것을 어떻게 생각하시는지요?

— 공자께서도 ^{「春秋」에} "내가 본래 추상적인 이론으로 기록하려 했으나 구체적인 역사적 사실을 일목요연하게 보여주는 것이 훨씬 분명하고

절실하다"고 말씀하셨지요. 공자가 기록한 역사, 『춘추』에서는 옳고 그른 것을 가려 놓은 것이기 때문에 인간사를 처리하는 방법을 배웁니다. 다시 말해서 『禮(예)』는 사람의 행동을 절제시키고, 『樂(악)』은 평화로운 마음을 이끌어내며, 『書(서)』는 정치를 말하고, 『詩(시)』는 감정을 표현하며, 『易(역)』은 변화를 말하고, 『春秋(춘추)』는 정의를 말합니다. 그래서 어지러운 세상을 수습하고 바로 돌려놓는 데는 『춘추』만 한 것이 없습니다. 『춘추』는 禮義(예의)의 커다란 근본입니다. 예의란 어떤 일이 발생하기 전에 막는 것이고, 법이란 사건이 발생한 다음에 적용하는 것입니다. 그래서 법의 적용 효과는 쉽게 보이는 반면 예의 예방 효력은 알기가 어려운 것이지요. 제가 사기로 밝히려고 했던 것은 과거의 일을 정리해서 기록하여 앞으로 올 사람에게 근본을 생각하게 함이었습니다.

述往事(술왕사) 과거의 일을 정리해서 기록하여
思來者(사래자) 앞으로 올 사람에게 근본을 생각하게 합니다

제가 옛 사건들을 서술하는 것은 지난 인물들의 행적을 정리하려는 것이지 창작을 하려는 것이 아닙니다. 바로 이점이 『춘추』와 비교되는 것이라 말씀드릴 수 있습니다. 그러하니 백이숙제의 서술은 창작이 아니라 행적을 정리한 것입니다. 그 이후 시대를 위한 창작은 그 시대에게

맡겨놓으면 되는 거지요.

Q 사기는 서사이지 요즘 말하고 있는 스토리텔링이 아니라는 말씀으로 이해됩니다. 태사공께서 백이열전의 자서에는 태사공님의 마음이 담겨 있다고 후대의 평론가들은 말합니다. 어떻게 생각하시는지요?

— "요즘 시대에는 법도에서 벗어난 행동을 하고, 하지 말아야 할 나쁜 짓을 골라서 하고 도 종신토록 호강하고 자손에게까지 그 부귀가 이어지는 예가 적지 않다. 반면에 어떤 사람은 한 걸음 내딛는 데도 땅을 가려서 내딛고, 말도 가려서 하고, 길을 갈 때도 지름길을 택하지 않고, 공정한 일이 아니면 나서지 않음에도 오히려 화를 당하는 경우가 이루 헤아릴 수 없이 많다. 하늘의 도란 도대체 옳은 것인가 그른 것인가?" 라고 자서에 기술했습니다. 제가 듣기에도 백이 숙제에 대해서 공자는 이렇게 말했습니다.

"추운 겨울이 되어서야 소나무와 잣나무가 잎이 변하지 않음을 안다
(松茂栢悅송무백열)
"백이와 숙제는 묵은 원한에 연연하지 않았다. 그러니 원망할 것도 별로 없다."

백이 숙제의 조명을 하면서 태사공님의 상황을 재조명하는 상징을 가지고 있다고 생각됩니다. 또한 백이 숙제의 이야기를 공자가 위와 같이 전하지 않았다면, 세상사에 묻혀 알지 못했을 것이다. 역사라는 것이 기록하는 이에 따라 비춰지는 인물과 방향성이 다르게 된다. 이 때문에 칭송되어야 할 사람이 망각되어버리면 슬픈 일이기에, 이러한 일이 없도록 행적의 사실을 기록하려는 뜻을 재차 확인할 수 있었다.

Q 동양과 서양에는 각기 역사를 탄생시킨 아버지가 있다고 합니다. 서양에는 기원전 480년경에 탄생하여 『역사(Historiai(페르시아 전쟁 탐사보고서)』를 쓴 헤로토투스와 기원전 145년경 탄생하여 중국 전설상의 황제 시대부터 한무제 때까지 2,000여 년을 다룬 『史記』를 쓴 태사공 사마천이라고 말합니다. 두 분은 집필의 동기와 집필목적과 집필하는 방법이 너무도 닮은 데가 많다고 합니다. 어떻게 생각하십니까?

－ 역사란 인간이 자신의 삶에 의미를 부여하는 한 방식이라고 들었습니다. 헤로토투스도 역사는 반드시 사실이어야 한다고 하면서, "직접 가서 보고 … 남들로부터 듣고 탐구하면서 내가 할 수 있는 한 최대한 알아냈다"고 하더군요. 저는 20세에 아버님 사마담의 주선으로 여행을 할 수 있었습니다.

스무 살의 여행은 우임금의 발자취를 탐사하고, 북으로 제나라와 노나라의 수도에서 학문을 닦고, 공자의 흔적을 쫓았으며, 길 위에 남겨진 이야기를 채취하여 시간과 공간을 총 130편을 맞추어낼 수 있었습니다. 이후 낭중이 되어 무제를 수행하면서 6번의 여행길에 있었는데, 『사기』를 풀어가는 데 각지의 견문이 소중하게 활용되었습니다. 특히, 20세에 있었던 여행 중에 기억에 남겨 역사에 기록이 된 것 두 가지를 소개하겠습니다. 하나는 회계산과 태황(太湟)에 이르러 고소산에 올라 오호를 바라보았습니다. 회계산 기슭에는 홍수를 다스려 하왕조의 시조가 된 우임금의 대우릉이 있었습니다. 수로가 연결되어 수상교통을 연상시켰습니다. 치수, 관개 사업의 상상하고 있자니. 마음속에서 탄성이 저절로 터졌습니다.

"정말 대단하구나. 물이 이해를 함께 나누다니!" –「하거서」

또 한 장면은 회음에서 한신 어머니의 무덤을 본 기억입니다.

"내가 회음에 갔을 때, 회음 사람들이 다음과 같이 말해주었다.
한신은 서민 시절부터 그 뜻이 보통 사람과 달랐다. 그의 어머니가
돌아가시자 가난하여 장례를 치를 수 없었지만, 그는 높이 다진
땅에 묘를 만들고 그 옆으로는 万家(만가)를 두고자 했다.

내가 그 어머니 묘소를 찾아가 보니 그대로였다."

―「회음후열전」

Q 이러한 여행이 태사공님에게는 어떠한 의미였나요?

― '여행이 영국 상류층 자제들만의 전유물로, '그들만의 리그'로서 그랜드 투어 문화를 구축하는 전략이 되어 그랜드 투어가 흔한 여행이 아닌, 영국 지배계층 엘리트가 되기 위한 통과의례이었다는 책을 본 적이 있습니다. 그러한 의미로 비추어 보면 나의 '그랜드 투어'는 아버님이 큰 그림으로 설계하여 제게 주신 아버님 일생의 빅 프로젝트가 아니었나 생각해 봅니다.

Q 특별히 회음에서 한신에 대한 특별한 관심이 생기신 장면으로 보입니다. 한신장군은 후세에서도 여러 측면에서 안타까운 인물로 평가되고 있습니다.「회음후열전」자서에서도 "만약 한신이 도리를 배워 겸양한 태도로 자기 공로를 뽐내지 않고 자기 능력을 자랑하지 않았다면 한나라에 대한 공훈은 주공周公, 소공검公, 태공망太公望 등에 비할 수 있었을 것이다." 하셨습니다. 한신을 회고해보신다면 어떤 대안이 있을 수 있을까요?

- 한신은 무예와 병법을 갖춘 몇 안 되는 장군으로 평가할 수 있습니다. 전쟁터에서직접 군사를 이끌고 전투를 지휘한 참모총장이지요. 한고조 유방은 천하를 얻는 과정에서는 측근보다는 능력 있는 인재를 적재적소에 배치하는 용인술을 보여줍니다.

그러나 천하를 얻는 순간 지켜야 되는 상황에서는 능력보다는 충성이 중요하다고 생각합니다. 모든 조직이 그랬죠. 창업과 수성의 과정에서 많은 조직에서 발견되는 현상임을 볼 수 있습니다. '옹치봉후'로 측근들을 달래는 모습에서도 볼 수 있습니다.

한신에게는 '캐스팅 보트' 찬스가 있었습니다. 이솝우화에 '사자와 농부의 딸'이란 이야기가 있다고 들었습니다. 농부의 딸과 결혼하기 위해 사자가 이빨과 발톱을 다 뽑은 뒤에 갔더니, 농부에게 흠씬 두들겨 맞고 쫓겨났다는 이야기입니다. 사자는 농부의 입장을 생각하지 않은 거죠. 역지사지의 지혜로 상대방의 선택을 예상하고 자신의 행동을 결정하는 것을 요즈음 게임이론에서는 백워드 인덕션(Backward Induction)이라고 하더군요. 한신의 참모 괴통의 조언대로 미래의 할 일을 먼저 생각하고 현재의 시점에서 할 일, 즉 항우를 공격하지 말고 계속 살려 두는 전략을 취했다면 그는 어쩌면 천하를 삼분하는 영웅이 되었을 겁니다. 그러나 그에게는 아버지에 대한 불안형 '애착유형'을 갖고 있었고, 제나라 가왕으로 세워달라는 오만한 모습을 보이면서도 '권력에 대한 의지'도 부족했습니다.

Q 다시 태사공님의 역사를 바라보는 시각에 대해서 여쭈어보려 합니다. 태사공님이 역사에서 말씀하고 싶은 것은 무엇이었나요?

- 『춘추』에 보면, 임금을 시해한 일이 36회, 나라를 망해 먹은 일이 52회, 제후가 다른 나라로 도망하여 그 사직을 지키지 못한 일이 이루 헤아릴 수 없습니다. 그 이유를 살펴보니 모두 그 근본을 잃었기 때문입니다(察其所以, 皆失基本已). 지금의 시대도 임원과 직원이 회사를 배반하고, 자식이 부모를 배반하고, 또한 자기 스스로가 자기를 배반하는 것은 하루아침 하룻저녁에의 일이 아니라고 생각합니다.

察其所以 (찰기소이)

皆失基本已 (개실기본이)

Q 그렇다면 말씀하시는 그 근본은 무엇인지요?

- 『주역』에 이르기를 "작은 터럭만 한 잘못이 천 리나 되는 차이를 가져온다(失之毫釐실지호리 差以千里차이천리)"고 하였습니다. 깨어 있는 리더(군자)는 자신이 처한 그때그때의 상황에 알맞게 나아가고 뒤로하며 움직이고 머물지만, 닫힌 리더(소인)는 욕심과 기분에 따라 행동합니다. 그래서 교만하면서도 어딘지 모르게 항상 불안합니다. 또한 깨어 있는 리

더는 화합하려 하지, 같은 것이라고 무턱대고 추구하지 않습니다(和而不同). 다시 말해서, 아첨하고 빌붙는 마음으로 편 가르기에 빠지지 않습니다.

－ 그래서 깨어 있는 리더는 조화롭게 욕심의 고삐를 잡고 고요한 마음으로 모든 것의 원인과 책임을 나에게서 구하지만, 닫힌 리더는 다른 사람에게서 찾습니다. 남 탓을 하는 거지요.

Q 지금 『사기』를 읽는 사람들이 어떠한 자세로 읽었으면 하는 말씀이 있는지요?

－ 조선의 학자 다산 정약용 선생과 연암 박지원 선생이 그 부분에 대해서 말씀하신 내용이 있습니다. 연암 선생은 글 하나하나에 어린아이가 나비 잡는 마음으로 읽으라 하셨습니다.

"그대가 태사공의 『사기』를 읽었으되 그 글만 읽었을 뿐 그 마음을 읽지 못했다고 보아야 할 것입니다. 왜냐하면 항우 본기를 읽고서 성벽 위에서 전투를 관망하던 장면이나 생각하면 '살강(선반) 밑에서 숟가락 주었다'는 것과 무엇이 다르겠습니까. 어린아이들이 나비 잡는 것을 보면 사마천의 마음을 간파해 낼 수 있습니다. 앞다리를 반쯤

꿇고, 뒷다리는 비스듬히 발꿈치를 들고서 두 손가락을 집게 모양으로 만들어 다가가는데, 잡을까 말까 망설이는 사이에 나비가 그만 날아가 버립니다. 사방을 둘러보아도 사람이 없기에 어이없이 웃다가 얼굴을 붉히기도 하고 성을 내기도 하지요. 이것이 바로 사마천 『사기』를 저술할 때의 마음입니다."

─『연암집』,「경지에게 답하는 편지」

다산 선생도 유배지에서 아들에게 보낸 편지에서(유배지에서 보내는 편지에서) 『사기』의 공부법을 말씀하시면서 다음과 같이 멀리 떨어진 아들에게 부탁하셨습니다.

"네가 지금도 『사기』를 읽고 있다니 그런대로 괜찮은 일이다. 옛날에 고정림이 『사기』를 읽을 때 「본기」나 「열전편」을 읽으면서는 손을 대지 않은 듯 대충 읽었고 연표나 월표편을 읽으면서는 손때가 까맣게 되었다는데 그런 방법이 제대로 역사책을 읽는 방법이 된다."

두 분의 말을 잘 조합해서 읽으면, 역사는 거울이 되고 역사가 바로 자신이 되는 순간을 느낄수 있지 않을까 합니다.

Q 태사공님의 『사기』를 읽으면서 사마천님의 절대필법, 글쓰기를 훔치자고 하는 사람이 많이 있습니다. 태사공님이 기다리시는 사람들을 위해 글쓰기에 대해서 말씀을 주실 수 있겠는지요?

— 후대의 사람들이 저의 글쓰기를 치유적 글쓰기의 한 방식이라고들 합니다. 궁형을 당한 현실의 나 자신을 거부하거나 회피하지 않았습니다. 나의 이 글에서 밝혔지요.

"내가 법에 따라 사형을 당해도, 한낱 아홉 마리의 소 중에서 털 한 가닥 빠지는 것일 뿐이다(九牛一毛구우일모)."

그리고 제가 자서에서 밝혔듯 많은 역사 인물들의 삶을 '敍事(서사)'로 조명하였습니다.

"문왕(서백)은 갇힌 상태에서 『주역』을 풀이했고, 공자는 곤경에 빠져 『춘추』를 지었다. 굴원(屈原)은 쫓겨나서 『이소』를 썼고, 좌구명(左丘明)은 눈을 잃은 뒤에 『국어』를 지었다. 손빈(孫)은 발이 잘리는 빈각이란 형벌을 당하고도 『병법』을 남겼으며, 여불위(呂不韋)는 촉으로 쫓겨났지만 세상에 『여람』을 남겼다. 한비자(韓非子)는 진나라에 갇혀서 「세난」과 「고분」편을 저술했다. 『시경』 300편의 시들도 대개 성현이 발분하여 지은 것이다. 이 사람들은 모두 마음속에 그 무엇이 맺혀 있었지만 그것을 밝힐 길이 없었기 때문에 지난 일을 서술하여 후세 사람들이 자신의 뜻을 알아 볼 수 있게 한 것이다."

제가 지금 만나고 있는 분들에게 말씀드릴 수 있는 글쓰기란 '글을 쓰지 않을 수 없는 나의 존재의 조건'을 자각하는 데서 시작하라고 하고 싶습니다. 왜 쓰는지 스스로의 결의가 있어야 합니다. 그렇게 쓰려진 글은 삶의 여정에서 흘러가는 이미지를 붙잡고 다시 놓아주는 수행적 발화가 되겠지요. 사라지는 삶이지만 써야만 당신을 볼 수 있습니다. 그러한 순환이 당신의 존재가 되고 누군가를 기다리는 접속의 몸짓으로의 글쓰기가 되겠지요.

해가 時空을 건너 지고 있었다.
"어느새 돌아가실 시간이 되셨습니다.
마지막으로 지금 이 시대의 사람들에게 해주실 말씀을 청합니다."

이 시대는 어느 때보다 시대의 흐름이 급변하는 것 같습니다. 1980년대에는 'VUCA시대'라 하면서 당시 직면하는 문제를 설명하기 위해 다양한 조직에서 채택되는 것을 보았습니다. 코로나 이후 최근에는 'BANI의 시대'가 온다고 미국의 교수가 약자를 만들어 시대를 설명하는 것도 보았습니다. '부서지기 쉬우며, 불안하고, 비선형적이며, 이해하기 어려운' 혼돈의 상황에서 어떻게 행동해야 하는지를 제시하는 것같습니다. "유일한 상수는 변화다."라고 일찍이 그리스의 철학자는 말했지요. 독일의 문호 괴테는 파우스트에서 신의 이름을 빌려 우리에게 그 상수를 인간의 길로 말해주는 것을 발견할 수 있습니다.

"인간은 노력하는 한 방황한다."

괴테의 시대도 그러했습니다. 프랑스 혁명과 나폴레옹의 출현과 몰락, 영국의 산업혁명으로 기차와 공장이 출현합니다. 전쟁이 일어나고, AI가 생활 속으로 밀려들어오는 지금보다 더 혼란스럽고 양극화의 대립이 시민계급을 덮치고 있었지요. 괴테의 평생은 그러한 흐름을 '노력하는 인간'으로 살아내며 '부지런한 자에게 세상은 침묵하지 않는다'는 메시지를 덧붙입니다. 어느 시대고 위기와 양극이 존재하지 않은 시대는 없습니다. 저도 그러한 시대를 살았습니다. 인간에게는 시대와 공간을 선택할 권리는 없습니다. 21세기를 위기의 시대라고 규정하더군요. 정보의 과잉과 왜곡으로 진실과 신뢰가 붕괴되고, 환경 훼손과 자원의 고갈이 심각한 상황이며, 기후변화로 생태계는 파괴되고 인간소외와 고립이 증가하고 있으며, 디지털 기술로 인해 인간다움의 상실이 위험수위에 다다르고 있다고 합니다. 사는 시공간은 선택할 수 없는

'필연'입니다. 문호 괴테의 '노력하는 인간'이란 자세에 '공감'합니다. 공자가 오래전에『論語』「爲政篇(위정편)」에서 그것을 좀 더 구체적으로 말했지요. "學而不思則網 思而不學則殆"(배우기만 하고 스스로 사색하지 않으면 학문이 체계가 없고, 사색만 하고 배우지 않으면 오류나 독단에 빠질 위험이 있다). 어느 시대나 배우고 생각하는 것이 무엇보다 중요한 것 같습니다. 그러나 생각 없이 본 것이 별로 없고 들은 바도 적은 사람에게는 언제나 어려운 시대를 살아가는 것 같습니다.

(빙그레 웃으신다)

"긴 인터뷰 동안 수고 많으셨습니다. 주신 말씀이 변화하는 시대에도 변하지 않는 미립이 되었으면 합니다. 고맙습니다."

또 다른 그대들에게 이 인터뷰가 도움이 되었으면 좋겠습니다.

茶雲 문규선, 감히 뵈었습니다. (2024년 봄)

"인간은 노력하는 한 방황한다."

3장

사마천의
춘추전국시대 思想
GRAND TOUR

___

1. 춘추 시대를 횡단한 공자의 여정

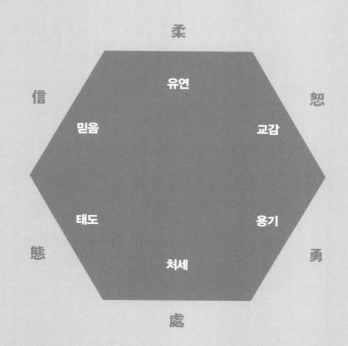

柔

유연

信

恕

믿음   교감

태도   용기

態

勇

처세

處

춘추전국시대는 중국 역사에서 여러 나라가 분열되어 싸우고 합치고를 반복한 시기입니다. 이 시기에는 많은 철학자들이 나타나서 사회의 혼란과 불안을 해결하고자 다양한 사상을 제시했습니다. 사마천의 여행은 사상의 여행이라고도 볼 수 있다. 그 중에서 공자, 노자, 한비자, 손자는 각각 유가, 도가, 법가, 병가의 대표적인 사상가로 알려져 있습니다.

공자

기원전 551년에 루 나라에서 태어났습니다. 유가의 시조로서, 인간의 본성과 도덕성을 중시하고, 예와 의를 바탕으로 한 인간관계와 사회질서를 강조했습니다. 그의 저서는 『논어』로, 그의 말과 행동을 그의 제자들이 기록한 것입니다. 공자의 핵심사상은 忠과 恕이다.

노자

기원전 6세기~기원전 5세기에 초나라에서 태어났습니다. 도가의 창시자로서, 우주의 근본적인 원리와 진리를 '도'라고 정의하고, 인위적인 것에 얽매이지 않고 자연의 법칙에 따라 살아야 한다고 주장했습니다. 그의 저서는『노자 도덕경』으로, 도와 덕에 관한 81장의 시문으로 구성되어 있습니다. 그의 핵심사상은 '무위(無爲)자연(自然)'이라야 할 것이다.

한비자

기원전 280년~기원전 233년에 한나라에서 태어났습니다. 법가의 대표적인 사상가로서, 인간의 본성은 악하고 이기적이라고 보고, 법과 규율을 통해 인간을 통제하고 사회를 질서 있게 유지해야 한다고 주장했습니다. 그의 저서는『한비자』로, 법과 수사, 전략, 외교 등에 관한 55편의 글로 구성되어 있습니다. 그의 대표 문구는 "법은 일이라야 하고, 권은 변하지 않아야 한다. 그것이 법의 정신이라" 했습니다.

손자

기원전 6세기~기원전 5세기에 주나라에서 태어났습니다. 병가의 시조로서, 전쟁의 본질과 원리를 체계적으로 분석하고, 승리를 위한 다양한 전략과 요령을 제시했습니다. 그의 저서는 『손자병법』으로, 전쟁의 13가지 요소에 관한 13장의 글로 구성되어 있습니다. 그의 대표 문구는 "전쟁은 사기(士氣)로써 이기고, 사기는 계(計)로써 결정된다. 그것이 전쟁의 법칙이다"고 합니다.

춘추 시대를 횡단한 공자의 여정

공자는 기원전 551년에 태어나 기원전 479년 사망했다. 공자는 노(魯)나라 추(鄒)땅 사람이다.

15세에 공부에 뜻을 두어 30세에 예를 익혀 세상에 바로 서게 되었다. 예(禮)로 나라를 다스리려는 기회를 찾았으나, 벼슬을 하지 못하였다.

> "내가 15세에 배움에 뜻을 두었고(志于學),
>
> 30세에는 바로 서게 되었다(而立).
>
> 40살에는 미혹에 사로잡히는 일이 없었고(不惑),
>
> 50살에는 하늘이 준 운명을 알게 되었다(知天命).
>
> 60살에는 무슨 말에도 귀에 순하게 들렸고(耳順),
>
> 70살에는 내키는 대로 해도 사람의 도리에 벗어나지 않게 되었다(從心所
>
> 慾, 不踰矩)."
>
> ─『논어』「위정」

공자는 춘추전국을 주유하며 제경공, 채섭공, 노애공 등을 만나 상대와 상황에 맞는 처지에 해법을 제시해주고 있다. 공자의 문답법이다. 또한 제자들과의 질문과 답에서도 제자의 성향에 따라 답변했다. 공자의 사상은 『논어』의 주유하면서 대면한 왕과 재상, 그리고 13명의 제자들과의 대화로 이루어져 있다.

1:1 맞춤 눈높이 교육의 대가, 공자

공자의 가르침의 핵심은 다르지 않지만 가르치는 방법은 제자마다 달랐다. 제자의 눈높이에 맞게 가르쳤고 제자가 가진 성격이나 상황에 따라 달리 가르쳤다. 가르침의 근본은 변함이 없지만 제자들에 따라 가르치는 방식은 달랐다. 공자는 눈높이 교육에 철저했다. 제자의 능력에 따라 때로는 쉬운 말로, 때로는 핵심을 찌르는 말로 제자들을 가르쳤다.

공자에게는 3,000여 명의 제자가 있었다. 공자의 제자는 육예(六藝)에 통달한 제자가 72명이나 있었다. 72현(賢)이라고도 한다. 논어에 등장하는 제자 중에서도 돋보이는 제자는 12제자다. 그리고 그 중에서도 돋보이는 두 제자가 있다. 안연과 자로다. 안연은 수제자였고, 자로는 애제자였다. 공자가 주유천하 14년을 마무리하고 돌아와서 진나라와 채나라의 들판에서 어려움을 당했을 때를 회상하며 함께 했던 제자 10명의 이름을 거명한다. 이를 가리켜 공문십철(孔門十哲)이라고 한다.

> "진나라와 채나라에서 고생할 때 나를 따르던 사람들이 내 문하에 없구
> 나. 덕행에는 안연·민자건·염백우·중궁이었고, 말하기로는 재아·
> 자공이 있었다. 정치에는 염유·계로가 있었고, 문장과 학문으로는 자
> 유·자하가 있었다."

덕행은 인간이 갖추어야 할 가장 기본적인 인격, 언어는 덕을 사람들에
게 표현하는 능력, 정사는 덕을 정치에 실천하는 능력, 문학은 문자로 표현
하는 능력이다.

공자의 제자 중 공문십철 말고도 증자(曾子)·자장(子張)·유약(有若) 등이 있
었다. 공자의 제자가 많고, 일가를 이룬 제자들이지만 가장 아끼고 사랑했
던 제자 두 사람을 꼽으라고 하면 단연 안연과 자로다. 그중에서도 한 제자
를 꼽으라고 하면 안연이라고 할 수 있다.

> 제자 자공이 정치에 대하여 물었다. 공자가 제자 자공에게 정치의 요체
> 를 말해주었다.

> "식량을 풍부하게 하고(足食), 무기를 충분히 갖추는 것(足兵),
> 백성들을 믿고 따르게 하는 것(民信), 이 세 가지가 정치의 요체이다."

"부득이 하나를 버려야 한다면, 어느 것을 먼저 버려야 할까요?

"무기를 버려라."

"부득이 또 하나를 버려야 한다면 두 가지 가운데 어는 것을 버려야 할까요?"

"식량을 버려라. 백성의 믿음이 없으면 나라가 바로 설 수 없다."

─『논어』「안연」

공자가 본 춘추 시대의 정치

1. 39세 공자가 제경공에게 정치에 대해 의견을 말하다.
君君臣臣父父子子

노 소공(魯昭公) 20년, 공자는 나이가 서른이 되었다. 제 경공(齊景公)이 안영(晏)과 함께 노나라에 왔는데, 경공이 공자에게 정치에 대해 묻자 공자가 말했다. "군주는 군주답고 신하는 신하답고 아버지는 아버지답고 자식은 자식다워야 합니다." 경공이 말했다. "옳은 말이오! 만약 군주가 군주답지 못하고 신하가 신하답지 못하고 아버지가 아버지답지 못하고 자식이 자식답지 못하면 비록 곡식이 있은들 내 어찌 그것을 먹을 수 있겠소!" 다른 날 경공이 다시 공자에게 정치를 물었을 때 공자가 말했다. "정치의 요점은 재물을 절제하는 데 있습니다."

2. 56세 공자, 노나라 재상을 하다.

政者正也

정공 14년, 공자는 56세의 나이로 대사구(大司寇)로서 재상의 일을 맡게 되자 얼굴에는 희색이 돌았다. 제자가 물었다. "제가 듣기에, 군자는 화가 닥쳐도 두려워하지 않고, 복이 찾아와도 기뻐하지 않는다고 했습니다."

공자가 말했다. "그런 말이 있다. 그러나 '귀한 신분으로 신분이 낮은 사람을 공손하게 대하는 데에 낙이 있다.'라고도 하지 않았는가?" 그리하여 얼마 후, 공자는 노나라의 정사를 문란케 한 대부 소정묘(少正卯)를 주살했다.

공자가 정치를 맡은 지 3개월이 지나자 양과 돼지를 파는 사람들이 값을 속이지 않았다. 길에 떨어진 물건을 주워가는 사람도 없어졌다. 사방에서 읍에 찾아오는 여행자도 관리에게 허가를 받을 필요가 없었다.

─ 권47. 공자세가(卷四十七. 孔子世家)

3. 위나라 군주가 59세 공자에게 정사에 대해 물었다.

공자가 말했다. "노나라와 위나라의 정치는 형제처럼 비슷하다." 공자의 제자들 중에는 위나라에서 벼슬을 하고 있는 사람이 많았고 위나라 군주는 공자에게 정사를 맡기고 싶어 했다.

자로가 말했다. "위나라 군주가 선생님께 정사를 맡기고자 하는데 맡으신다면 선생님께서는 장차 무슨 일을 제일 먼저 하시겠습니까?" 공자가 대답했다. "반드시 명분을 바르게 하겠다." 자로가 말했다. "세상 사람들이 선생님을 절실하지 못하고 우원(迂遠)하다 하더니, 정말 그렇습니다. 무슨 명분을 바르게 하신다는 말씀입니까?" 공자가 말했다. "정말 거칠구나, 유(由)야! 대저 명분이 바르지 않으면 말이 순조롭지 못하고, 말이 순조롭지 못하면 일이 성취되지 않으며, 일이 성취되지 않으면 예악이 일어나지 않는다. 예악이 일어나지 않으면 형벌이 적중하지 않고, 형벌이 적중하지 않으면 백성들이 어찌할 바를 모르고 당황한다. 그래서 군자는 무슨 일을 하든, 반드시 명분에 부합되어야 하고, 말을 했으면 반드시 실행해야 한다. 그리고 군자의 말에는 경솔함이 없어야 한다."

— 권47. 공자세가(卷四十七. 孔子世家)

4. 채나라 섭공이 63세 공자에게 정치에 대해 물었다.

孔子自蔡如葉. 葉公問政, 孔子曰：「政在來遠附迩.」

공자는 채나라에서 섭(葉)으로 갔다. 섭공(葉公)이 공자에게 정치를 물으니 공자가 말했다. "정치란 먼 데 있는 사람을 찾아오게 하고, 가까이 있는 사람의 마음을 얻는 데 있습니다.
— 권47. 공자세가(卷四十七. 孔子世家)

"歸與귀여, 歸與귀여!" (68세)

돌아가자, 돌아가자. 공자는 오나라에 늘 침략을 당하는 진陳나라에 머무른 지 3년이 되는 61세에 고향인 노나라로 돌아가고 싶어 했고, 마침내 십 오년의 주유생활에 종지부를 찍고 그의 나이 68세에 노나라로 돌아왔다.

"돌아가자, 돌아가자! 나의 제자들은 뜻은 크지만 일하는 데는 매우 소홀하다. 문물은 빛나지만, 어떻게 지도해야 할지 모르겠다."
— 「공야장」 21

노나라는 주(周)나라의 위대한 정치가 주공(周公)의 봉국(封國)으로 시작된 나라다. 그래서 노나라는 자신들이 주공의 나라라는 자부심을 갖고 있었다. 공자가 살던 기원전 6세기에서 5세기 무렵의 노나라는 맹손(孟孫), 숙손(叔孫), 계손(季孫) 가문이 실권을 나눠 갖는 사실상의 권력 해체의 시기였다. 이들 세 가문을 보통 삼환(三桓)이라고 하는데, 삼환 가문은 본래 노나라 장공(莊公)의 형제들이었다. 공자가 태어난 기원전 551년은 노나라 양공 재위 22년째의 해이다. 양공으로부터 소공─정공─애공─도공으로 이어지며 노나라를 결국 망국의 길로 나아간다.

혜공─은공─환공─장공─희공─문공─성공─선공─양공─소공─정공─애공─도공 …

5. 노나라로 돌아온 68세 공자에게
노애공에게 정치를 말하다.

노 애공이 정치에 관해서 묻자 공자가 대답했다. "정치의 근본은 신하를 잘 뽑는 데 있습니다." 계강자도 정치에 관해서 질문하자 공자가 말했다. "정직한 사람을 뽑아서 부정직한 사람 위에 놓으면, 부정직한 사람도 정직해집니다." 강자가 도적이 횡행함을 근심하자 공자가 말했다. "진실로 당신 자신이 탐욕을 부리지 않는다면, 비록 상을 준다 해도 백성들은 남의 물건을 훔치지 않을 것입니다." 그러나 노나라는 끝내 공자를 등용하지 못했으며 공자 또한 관직을 구하지 않았다.

— 권47. 공자세가(卷四十七. 孔子世家)

노나라의 실권자 계강자(季康子)가 공자(孔子)에게 정치(政治)에 관해 물었다. 공자께서 응하여 대답하셨다.

정치란 바름(正)을 실현하는 것입니다. 당신이 바른 길로 이끈다면 누가 감히 바르지 않을 수 있겠습니까.

— 『논어』「안연」

공자는 계강자에게 정치란 바름을 행하는 데 있다고 충고했다. 무슨 뜻일까. 왜 계씨 집안 사람에게 이런 이야기를 했는가. 『논어』「팔일」편에 보면, 노나라 정공이 공자에게 이렇게 묻는 대목이 나온다.

(노나라) 정공(定公)이 물었다.

"군주란 신하를 부리는 사람이고, 신하는 군주를 섬기는 사람이오. 내 말이 어떻소?"

공자께서 응하여 말씀하셨다.

"군주는 예로써 신하를 부리는 것이고, 신하는 마음을 다해 군주를 섬기는 것입니다."

— 『논어』「팔일」

노나라 정공(定公)은 형인 소공(昭公)에 이어 노나라의 군주가 된 인물이다. 소공은 삼환 세력과 전쟁을 벌이다 패해 제나라로 피했다가 끝내 돌아오지 못하고 이국땅에서 목숨을 잃은 사람이다.

정공은 소공의 동생으로 소공을 이어 임금이 되었지만 이미 삼환씨에게 넘어간 권력을 되찾기가 쉽지 않았다. 그러니 정공이 공자에게 이런 이야기를 건넬 때 그 말은 질문이라기보단 군주와 신하, 이들의 이름(名)과 실제(實)가 서로 대응하지 않는 시대를 푸념하는 하나의 하소연이었을 것이다.

공자, '높은 산처럼 우러러보고, 큰길처럼 따라간다.'

50세 이후 15년간의 여러 나라를 주유한 후 68세에 노나라로 돌아와 "70 살에는 내키는 대로 해도 사람의 도리에 벗어나지 않게 되었다"고 술회하며 '위편삼절'이란 고사가 나올 정도로 『주역』을 읽고, 「계사전」을 편찬하는 등 학문에 정진한다. 73세에 별세하였다.

子貢問曰: "有一言而可以終身行之者乎?"

子曰: "其恕乎! 己所不欲, 勿施於人."

자공이 "평생토록 실행할 만한 말 한마디가 있습니까?"라고 여쭈어보

자 공자께서 말씀하셨다.

"아마도 恕*일 것이다! 자기가 원하지 않는 일을 남에게 하지 말아라."

―「위령공편」

---

* 恕(서) : 공감, 용서, 너그러운 마음

연대기로 본
주요 사건과 인물

———

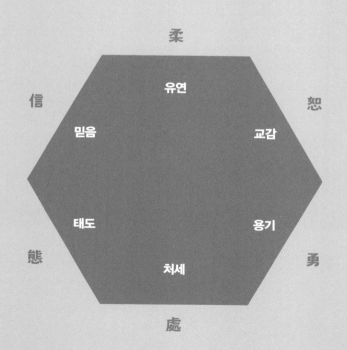

	모세 – 율법	다윗		
		솔로몬		BC539 바빌로니아 멸망
하나라	상 왕조	주나라		춘추전국시대

소크라테스(BC468~BC3〔〕)
석가(BC560~BC480)
주역　　　　공자(BC551~BC493)

BC1700	BC1000	BC770	BC500
탕왕	주무왕		

진목공
제환공　　　　초평왕
오왕합〔〕

식마지덕

							식마지덕	
조언자의 태도								
2인자의 자리							범려	
			강태공					
리더의 포용			토포악발			목공		
							토사구팽	
변혁가의 심장	이윤							
동반자와의 믿음								와신상담
						관포지교	일모도원	
혁신가의 용기			백이/숙제					
부의 역사								
계승의 기술	과문불입							
미립의 시간						노자	공자	손자병법
기록자의 마음								
역사를 코칭하다							오자서	

	과문불입	천금매소	토포악발	야의이행		관포지교	일모도원	와신상담

BC13 트로이전쟁

| | 진 통일 | 한 왕조 |

• ○ • ○ • ○ BC57 삼국시대

초한쟁패 　　　　　　　　　　　　사기 완성

BC350 　　　BC221 　　　　　　　BC206 　　　BC85

진시황 　　　　　　　　　한고조

진효공

조 혜문왕

월왕구천

상앙변법	교주고슬	합종연횡		배수의진			옹치봉후		
				장량		진평		상산사호	
				범증	괘통				
			왕전						
	백기			이사					
					항우	유방	옹치봉후		
					사면초가	한신	토사구팽		
상앙								육가	
오월동주	소진/장의	문경지교							
	방연/손빈	소진장의	한비/이사						
			역수가	과하지욕					구우일모
		여불위	형가						화식열전
				지록위마			외척세력		
	귀곡자		한비자						
	한비자		이사					사마천	
				이사		한신			
오월동주	척유소단	문경지교		지록위마	사면초가	토사구팽		상산사호	전지기인

저자 **문규선**

기업에서 CFO, COO, CEO 임무를 수행했다.

경영전략, 조직문화, HR 시스템 등을

회계학을 배운 머리로 33년간 책임과 의무를 다했다.

국가 공인 컨설턴트(경영지도사)이며,

리더십과 코칭을 전공하고 한국코치협회 인증코치가 되었다.

코칭과 동양고전을 배우면서 삶의 좌우가 맞추어지는 느낌을 받았다.

뒤늦게 '가업승계'를 주제로 경영학박사를 취득했다.

현재 변화경영승계연구소 소장, 브로더파트너즈 파트너 코치,

세무법인 신화 고문이라는 3개의 페르소나를 갖고 활동하고 있다.

『승계 코칭』을 집필 중이다.

'리더의 진정한 조력자'라는 비전을 갖고, 좋은 도반들로부터 울림을 받으며 변화와 성장을 꿈꾸고 있다.

저서와 번역서 :

『리더는 어떻게 성장하는가』 (2017년, 번역서)

『이제는 회계(Accounting)할 시간』 (2018년)

『이제는 노자(老子)를 읽을 시간』 (2020년)

『승계의 정석』 (2022년)

『HR 비즈니스 코칭』 (2023년, 공저)